Success15 fifteen

4

サクセス15
April 2012

http://success.waseda-ac.net/

CONTENTS

REGULAR LESSONS

受付中!!

お気軽にお問い合わせください。
詳しい資料をすぐにお送りします。

新中1～新中3 新小5K・新小6K 春期講習会

学年が変わるこの時期こそ、４月からの勉強でライバル達に圧倒的な差をつける絶好機です。早稲田アカデミーでは、旧学年の範囲を徹底的に総復習し、また、新学年の先取り学習も積極的に取り入れ、新学年へのスムーズな移行を図ります。

コース		授業料 塾生	授業料 一般生
新小5	K（英語・算数・国語）	9,800円	12,000円
新小6	K（英語・算数・国語）	15,000円	18,000円
新中1	3科（英語・数学・国語）	16,000円	19,000円
新中2	3科（英語・数学・国語）	24,000円	27,500円
	理科・社会	18,000円	20,500円
新中3	3科（英語・数学・国語）	27,000円	30,500円
	理科・社会	18,000円	20,500円

※小5K・小6K…公立中学進学コース（中学受験をされない方のためのコース）

新中2・新中3 全８日間
3/26(月)～4/3(火)
※3/30(金)または3/31(土)はお休み。
埼玉地域 3/27(火)～4/3(火)

新小6K・新中1 全６日間
3/26(月)～4/1(日)
※3/30(金)または3/31(土)はお休み。
埼玉地域 3/27(火)～4/1(日)

新小5K 全６日間
3/26(月)～4/1(日)
※3/30(金)または3/31(土)はお休み。
埼玉地域 3/27(火)～4/1(日)

学力別少人数クラス	学力別少人数クラス編成で、効率のよい学習成果をお約束します。
レベル別教材	全ての角度から厳選された、各レベルに適したテキストを使用します。また、旧学年の復習と新学年の予習をバランスよく取り入れてあります。

87名合格

7校定員 約1720名

●No.1表記は2/23大手各塾の公式サイト比較より
●2/23 18：00現在判明分

女子私立最難関 4年連続全国No.1
慶女高 78名合格 定員100名

早大学院 303名（定員480名）	早大本庄(2次) 385名（定員約320名）	中大杉並 182名（定員300名）	中大附属 157名（定員350名）
豊島岡女子 82名（定員90名）	渋谷幕張 109名（定員100名）	明大明治 118名（定員100名）	立教新座 337名（定員98名）

☎ 03（5954）1731 まで。詳しい資料をすぐにお送りします。 ネット・携帯で 早稲田アカデミー 検索

information
―インフォメーション―

早稲田アカデミー
各イベントのご紹介です。
お気軽にお問い合わせください。

新中1　新中1学力診断テスト　無料

中学校へ入学する前に実力と弱点を把握しよう！

3/17(土)

▼会　場
早稲田アカデミー各校舎
(WAC 除く)

▼時　間
10：00～12：40

※校舎により時間が異なる場合がございます。

詳しい成績帳票で個別の学習カウンセリングを実施。成績優秀者にはプレゼントも！

算数(数学)・国語・英語・理科・社会の定着度を総合的に診断します。

・到達診断テストⅠ（算数・数学）	40 分
・到達診断テストⅡ（国語・英語）	40 分
・到達診断テストⅢ（理科・社会）	40 分
・新中１オリエンテーション	20 分

新　保護者対象　同時開催

中1ガイダンス　無料

情報満載！早稲アカが教えます。

・中1学習の秘訣
・普通の子が伸びるシステム
・部活と塾の両立のカギ
・地域の中学校事情や入試制度

3/17(土)

※ ガイダンスのみの参加も可能です。
※ お申し込みはお近くの早稲田アカデミーまでお気軽にどうぞ。

※お申し込み・お問い合わせは、お近くの早稲田アカデミー各校舎までお気軽にどうぞ。

新中2・3　日曜特訓

お申し込み受付中
お近くの早稲田アカデミー各校舎までお気軽にどうぞ

一回合計 5 時間の「弱点単元集中特訓」！

難問として入試で問われることの多い単元は、なかなか得点できないものですが、その一方で解法やコツを会得してしまえば大きな武器になります。早稲田アカデミーの日曜特訓は、お子様の「本気」に応える、テーマ別集中特訓講座。選りすぐりの講師陣が、日曜日の合計５時間に及ぶ授業で「分かった！」という感動と自信を、そして揺るぎない得点力をお子様にお渡しいたします。

中2必勝ジュニア

日程　4/15・22、5/20、7/8

「まだ中２だから……」なんて、本当にそれでいいのでしょうか。もし、君が高校入試で早慶など難関校に「絶対に合格したい!」と思っているならば、「本気の学習」に早く取り組んでいかなくてはいけません。大きな目標である「合格」を果たすには、言うまでもなく全国トップレベルの実力が必要となります。そして、その実力は、自らがそのレベルに挑戦し、自らが努力しながらつかみ取っていくべきものなのです。合格に必要なレベルを知り、トップレベルの問題に対応できるだけの柔軟な思考力を養うことが何よりも重要です。さあ、中２の今だからこそトライしていこう!

中3日曜特訓

日程　4/8・15、5/13、6/10、7/8

受験学年となった今、求められるのは「どんな問題であっても、確実に得点できる実力」です。ところが、これまでに学習してきた範囲について 100％大丈夫だと自信を持って答えられる人は、ほとんどいないのではないでしょうか。つまり、誰もが弱点科目や単元を抱えて不安を感じているはずなのです。しかし、中３になると新しい単元の学習で精一杯になってしまって、なかなか弱点分野の克服にまで手が回らないことが多く、それをズルズルと引きずってしまうことによって、入試で失敗してしまうことが多いものです。しかし、真剣に入試を考え、本気で合格したいと思っているみなさんに、それは絶対に許されないこと！　ならば、自分自身の現在の学力をしっかりと見極め、弱点科目や単元として絶対克服しなければならないことをまずは明確にしましょう。そしてこの「日曜特訓」で徹底学習して自信をつけましょう。

本部教務部 03（5954）1731 までお願いいたします。

私立の雄
慶應を知ろう!

慶應義塾大学、
附属高校を徹底紹介!

受験生のあこがれ慶應義塾大学。
その大学と附属高校を一挙紹介。
各附属高校の卒業生に、さまざまな行事や
珍しい校則などを聞いてきました。
真の慶應義塾にせまります。

慶應義塾図書館 旧館

創立50周年を記念して約3年の年月をかけ1912年に竣工されました。関東大震災や東京大空襲をくぐり抜け、当時のままの姿で建っています。本館、書庫、東南隅にある八角塔を合わせて建坪は200坪。蔵書数・閲覧席の数も当時の大学図書館としては画期的な大きさでした。そして1969年（昭和44年）には国の重要文化財に指定されました。

慶應義塾大学

慶應義塾大学は、1858年（安政５年）に当時、中津藩奥平家の福澤諭吉が江戸築地鉄砲洲に開いた蘭学塾を起源に開校しました。そして1868年（慶應４年）に塾舎を築地鉄砲洲の中津藩中屋敷から芝新銭座に移転し、規模を大きくしたときに当時の年号をとって慶應義塾と改名しました。

1890年（明治23年）に修業上限３年で、文学・理財・法律の3科を設置し、私学としては初めての大学部を発足。そして1947年（昭和22年）に男女共学化を実施し、2008年（平成20年）に創立150周年を迎えています。

慶應義塾のあれこれ

慶應義塾には先生は福澤諭吉先生しかいないため、教授や生徒は「君」付けとされている。また、学生は「塾生」、卒業生は「塾員」と呼ばれています。日吉駅にあるオブジェに登ると停学になると言われているので、塾生になって日吉駅を利用するときは登らないように気を付けよう。

ちなみに、大学１年の日吉キャンパスのイチョウが散るまでに恋人ができなかったら、大学４年間は恋人ができないという言い伝えがあるらしい。また、一般的に言われている「早慶戦」は、塾生たちの間では「慶早戦」と呼ばれている。

日吉キャンパス

所在地　神奈川県横浜市港北区日吉4-1-1
アクセス　東急東横線・目黒線・横浜市営地下鉄グリーンライン「日吉」徒歩1分

総合政策学部、環境情報学部、看護医療学部以外の１年生はこの日吉キャンパスに通うことになります。日吉駅を出て道を渡ってすぐの入り口から、日吉記念館まで続くイチョウ並木は秋になると圧巻の一言。学生が多く活気あふれる雰囲気のなか、敷地面積10万坪におよぶ日吉キャンパスには慶應義塾高校もあります。

★

【文学部】人文社会学科　1年　【経済学部】経済学科　1､2年
【法学部】法律学科　政治学科　1､2年　【商学部】商学科　1､2年
【医学部】医学科　1年
【理工学部】機械工学科　電子工学科　応用化学科　物理情報工学科　管理工学科　数理科学科　物理学科　化学科　システムデザイン工学科　情報工学科　生命情報学科　1､2年
【薬学部】薬学科　薬科学科　1年

三田キャンパス

所在地　東京都港区三田2-15-45
アクセス　JR山手線・京浜東北線「田町」徒歩8分、都営浅草線・三田線「三田」徒歩7分、都営大江戸線「赤羽橋」徒歩8分

慶應の原点と言うべき三田キャンパスには、歴史と伝統が刻まれています。図書館旧館は赤レンガでできており、ラテン語で「ペンは剣よりも強し」と書かれています。

このほか中庭にある大イチョウは待ち合わせ場所として多くの学生が集まります。また、創立100周年を記念して建てられた南校舎を2011年（平成23年）に新しく建て替え、ザ・カフェテリアやホール、グループ学習室なども入り、機能性の高い校舎へと生まれ変わりました。

★

【文学部】人文社会学科　2～4年
【経済学部】経済学科　3､4年
【法学部】法律学科　政治学科　3､4年
【商学部】商学科　3､4年

慶應義塾大学出身の内閣総理大臣

橋本 龍太郎　第82、83代内閣総理大臣
小泉 純一郎　第87、88、89代内閣総理大臣

国会議員

甘利 明　政治家
石原 宏高　政治家
石原 伸晃　政治家
石破 茂　政治家
小沢 一郎　政治家
海江田 万里　政治家
後藤田 正純　政治家
塩川 正十郎　元政治家
田中 直紀　政治家
中川 秀直　政治家
中曽根 弘文　政治家
長妻 昭　政治家
浜四津 敏子　政治家
船田 元　政治家
松沢 成文　政治家　前神奈川県知事
山岡 賢次　政治家
など

芥川賞受賞者

堀田 善衛　「広場の孤独」
安岡 章太郎　「悪い仲間」・「陰気な愉しみ」
遠藤 周作　「白い人」

信濃町キャンパス

所在地 東京都新宿区信濃町35
アクセス JR中央線･総武線「信濃町」徒歩1分、都営大江戸線「国立競技場」徒歩5分

医学部の２年生～６年生と看護医療学部の３年生が学んでいます。慶應義塾大学病院と一体になっているため、キャンパスといった雰囲気はあまりありません。

★

【医学部】医学科 2～6年　【看護医療学部】看護学科 3年

芝共立キャンパス

所在地 東京都港区芝公園1-5-30
アクセス JR山手線、京浜東北線「浜松町」徒歩10分、都営三田線「御成門」徒歩2分、都営浅草線･大江戸線「大門」徒歩6分

薬学部と大学院生が学ぶキャンパスで、どの駅からも近いのが魅力です。また、東京タワーや増上寺などからほど近く、都心にありながら落ち着いた雰囲気があります。１号館には屋上庭園もあり、塾生の憩いの場となっています。

★

【薬学部】薬学科(6年制) 2～6年　薬科学科(4年制) 2～4年

三田祭

三田キャンパスで行われる慶應の秋を飾る最大のイベント・三田祭は、毎年11月下旬に４日間行われ約20万人もの来場者があります。この三田祭は塾生によって企画・運営されており、サークルや研究会などが日頃の成果を発表しています。

ほかの各キャンパスにもそれぞれ学園祭があり、三田祭にはない特徴と楽しさがあります。慶應義塾の学園祭を一度見てみるのもいいかもしれません。

矢上キャンパス

所在地 神奈川県横浜市港北区日吉3-14-1
アクセス 東急東横線･目黒線･横浜市営地下鉄グリーンライン「日吉」徒歩15分

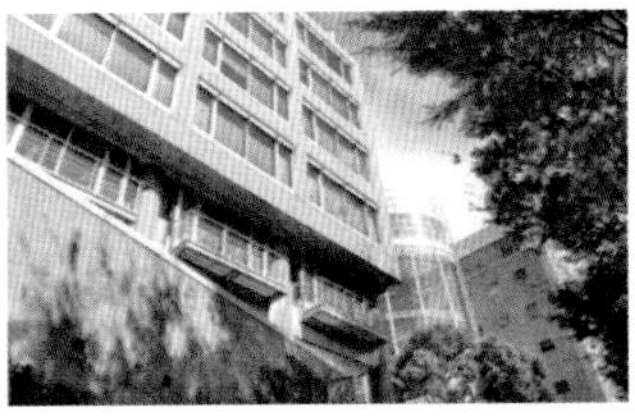

日吉キャンパスと谷をはさんだ高台に矢上キャンパスはあります。この２つのキャンパスに挟まれた谷は「まむし谷」と呼ばれています。以前、水田などが広がっておりマムシが多く生息していたためこう呼ばれるようになりました。

矢上キャンパスには、理工学部の塾生と多くの大学院生が通っているため、研究所が多く理系色あふれるキャンパスになっています。また、高台のため天気のいい日には、新宿の高層ビルや富士山も一望できます。

★

【理工学部】機械工学科　電子工学科　応用化学科　物理情報工学科　管理工学科　数理科学科　物理学科　化学科　システムデザイン工学科　情報工学科　生命情報学科 3､4年

湘南藤沢キャンパス

所在地 神奈川県藤沢市遠藤5322
アクセス 小田急江ノ島線･相鉄いずみ野線･横浜市営地下鉄ブルーライン「湘南台」バス、JR東海道線「辻堂」バス

略してＳＦＣと呼ばれる湘南藤沢キャンパス。最寄りの湘南台駅からのんびり歩いたところにあります。同じ慶應でも他のキャンパスから見れば別世界。校舎にはそれぞれ名称が付けられ、その頭文字をつなげると「ＫＥＩＯ」となります。キャンパスには看護医療教育ための最新施設も備え付けられており、敷地内には湘南藤沢中等部・高等部もあります。

★

【総合政策学部】総合政策学科 1～4年　【環境情報学部】環境情報学科 1～4年　【看護医療学部】看護学科 1年､2年､4年

田久保 英夫「深い河」
荻野 アンナ「背負い水」
室井 光広「おどるでく」
玄侑 宗久「中陰の花」
朝吹 真理子「きことわ」

スポーツ選手

高橋 由伸　プロ野球選手
藤田 元司　元プロ野球選手・監督
松平 康隆　元バレーボール選手・監督
など

このほかの著名人

野間 省伸　講談社社長
勝間 和代　経済評論家
木村 太郎　ジャーナリスト
池上 彰　ジャーナリスト
市川 右近　歌舞伎役者
市川 猿之助　歌舞伎役者
市川 亀治郎　歌舞伎役者
鈴木 光司　小説家
大沢 在昌　小説家
荒俣 宏　作家
栗本 慎一郎　学者
小林 亜星　作曲家
水野 晴郎　映画評論家
向井 千秋　宇宙飛行士
など

(敬省略)

慶應義塾大学附属校紹介

附属高校3校のそれぞれの違いや魅力をお伝えします。

慶應義塾湘南藤沢高等部、慶應義塾ニューヨーク学院は省略させていただきます。

慶應義塾高等学校

男子校

所在地　神奈川県横浜市港北区4-1-2
TEL　045-566-1381
URL　http://www.hs.keio.ac.jp/
アクセス　東急東横線・東急目黒線・横浜市営地下鉄グリーンライン「日吉」徒歩1分

生徒数（2月20日現在）

2202名

制　服

黒の詰め襟タイプの学生服

留学・国際交流

希望者を対象に長期、短期の海外留学プログラムが用意されている。短期のものは慶應義塾の組織である「三田国際文化交流協会」主催の、ハワイのプナホウ・スクールプログラムをはじめとしていくつかある。1年間にわたる長期留学にはAFS交換留学、YFU交換留学、など学外主催のものがある。

慶應義塾大学への進学実績（2010年3月卒業生）

合計 **676名**　内部進学率 **98%**

文学部	8名
経済学部	230名
法学部法律学科	110名
法学部政治学科	110名
商学部	100名
医学部	22名
理工学部	68名
総合政策学部	6名
環境情報学部	16名
看護医療学部	0名
薬学部薬学科	5名
薬学部薬科学科	1名

校外活動

親睦旅行（1年生）　選択旅行（7〜9月・2〜3月に実施　1年時冬季より在学中に1回以上参加）

入試情報（2012年度）

★一般入試
【募集人員】男子約330名（帰国生若干名を含む）
【選抜方法】第1次試験　筆記試験（国語・英語・数学）
第2次試験　面接

★推薦入試
【募集人員】男子約40名
【選抜方法】第1次（書類審査）
第2次試験　面接
【出願資格】以下の全ての用件を満たしている者。2011年4月以降2012年3月末までに国の内外を問わず学校教育における9年間の課程を修了、または修了見込みの者。慶應義塾高を第1志望とする者。出身中学校長の推薦を受けた者。中学3年2学期（1・2学期）の9教科の成績合計が5段階評価で38以上の者。運動・文化芸術活動において顕著な活動をした者。

卒業生が語る

みんな仲のいい学校

慶應義塾高等学校卒業
慶應義塾大学法学部法律学科2年
望《もち》月《づき》 友《ゆう》太《た》さん

はじめは公立志望で、慶應義塾は塾の先生に勧められて記念受験で受けました。

公立も慶應義塾も幸運なことに合格して、やっぱり大学受験をしなくていい慶應義塾を選択しました。合格するとは思っていなかったので日吉祭には行ってませんでした。

その日吉祭は3年生になるまで出し物ができなかったので、1、2年生のころは暇でしたが、高校3年生のときにクラスでタイ焼きを作って凄く繁盛し、楽しかったです。

球技大会も楽しかったですね。ぼくのころはソフトボール、バスケ、サッカー、卓球のなかから1種目選択し、クラス対抗のトーナメント方式で競い合う形でした。でも、陸上運動会（体育祭）では、1学年18クラスあるので人数も多く、なかなか順番が回って来なかった思い出もあります。

このほかの大きな行事としては選択旅行というのがあります。これは卒業の単位で必要になるため、3年間の間に必ず参加しなければなりません。韓国や沖縄、北海道などさまざまなところに行き、ここでいろいろな学年の友だちができます。

校則に「ワンボックス」というのがあり、トイレの個室に2人以上で入ったのを見つかると、停学になってしまいます。それが唯一知っている校則ですね。

大学の学部推薦では、高校の成績上位者から選択していきます。1〜3年での定期テストの比率が3：4：5の割合で判定されます。また卒業論文もあるのですが、これは卒業に必要な単位だけなので、大学の学部推薦には関係ないです。

一番人気がある大学の学部は法学部政治学科です。

なぜかと言うと、入学してから勉強しなくても留年しなくて、女子の比率が高いからです（笑）。

クラスの半分くらいの友だちと、学校帰りに週2回くらいの頻度で遊びに行っていました。そのくらい仲がよかったです。

慶應義塾志木高等学校

男子校

所在地 埼玉県志木市本町4-14-1
TEL 048-471-1361
URL http://www.shiki.keio.ac.jp/
アクセス 東武東上線・地下鉄有楽町線・副都心線「志木」徒歩10分

生徒数（2月20日現在）

760名

制 服

黒の詰め襟タイプの学生服

留学・国際交流

希望者を対象に海外留学プログラムが用意されている。短期のものは慶應義塾の組織である「三田国際文化交流協会」主催の、ハワイのプナホウ・スクールへの夏季短期留学プログラムをはじめとしていくつかあり、AFS交換留学、YFU交換留学などの外部団体を通して留学を希望し、それを許可する場合もある。

慶應義塾大学への進学実績

（2010年3月卒業生）

合計 **244名** 内部進学率 **98%**

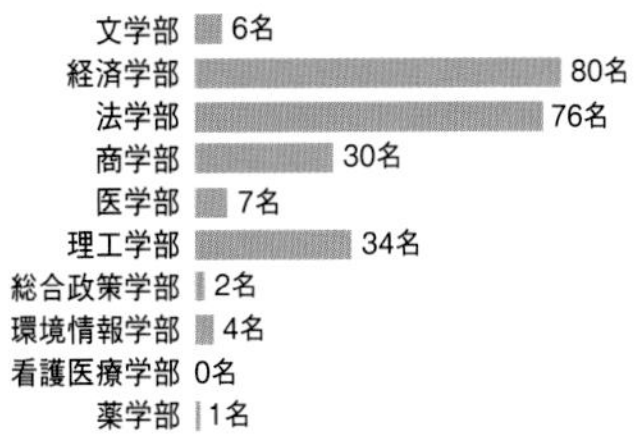

校外活動

1年生は5月に箱根方面で2泊3日の研修旅行、2年生は10月に東北方面で理科実習を中心とした3泊4日の研修旅行を実施。3年生は10月に九州方面で4泊5日の見学旅行を実施。

入試情報（2012年度）

★一般入試
【募集人員】男子約190名（帰国生若干名を含む）
【選抜方法】第1次試験　筆記試験（国語・英語・数学）
　　　　　第2次試験　面接

★推薦入試
【募集人員】男子約40名
【選抜方法】第1次（書類審査）
　　　　　第2次試験　面接
【出願資格】2012年3月中学校卒業見込みの者。慶應義塾志木高を第1志望とする者。中学3年2学期（1・2学期）の9教科の成績合計が5段階評価で38以上の者。中学校入学後の欠席日数合計が30日以内の者。学校内外で、中学生として充実した諸活動を行い、それを入学志願書によって示すことのできる者。

卒業生が語る

すべて自分で考える学校

慶應義塾志木高等学校卒業
慶應義塾大学文学部4年
大庭《おおば》 直人《まさと》さん

慶應志木を受験した理由は、慶應義塾高校に通っている先輩に高校の話をよく聞かされていたことと、家から近いことでした。

志木高と言ったらなんといっても収穫祭ですね。1年生はクラスごとに出し物をして、2、3年生になるとクラスや部活、有志の集まりの単位で出し物をします。2日間で来場者は約5000名ですごく盛りあがります。

運動会とクラスマッチもあるのですが、テニスやバスケットボール、サッカーなどがあるクラスマッチの方が盛りあがりますね。運動会は綱引きなどの部活にない種目ばかりですが、クラスマッチは部活の人たちがそれぞれ得意の分野で活躍できるのでみんな真剣にやります。しかも何種目も出場でき、ぼくは3種目に出場した年もありました。

1、2年生の研修旅行では、必ず理科のレポートを提出しなければなりません。3年生での見学旅行は、名前の通り見学が中心の自由な旅行で楽しかったです。ぼくのときは4泊5日で北海道に行きました。

大学推薦の学部選択は基本的に自由です。しかし、推薦人数に上限があり、かつ人気のある学部（法、経、医など）は3年間の評定上位者が優先されます。

カリキュラムにも自由な校風が現れています。例えば豊富な語学講座。2年生の必修では20以上の講座から2つを選択できます。ぼくはモンゴル語と古典ラテン語を選択しました。そのほかにも放課後に開かれる語学課外講座があり、だれでも20以上の言語から自由に履修することができます。また、3年生になると週10時間程度、5科目の自由選択科目があります。

なんでも自由な学校だったのですが、裏を返せば自分でモノを考えさせる学校だったと思います。

また、志木高は生徒数が少なく学年で知らない顔がいないというアットホームなところもいいところですね。

慶應義塾女子高等学校

女子校

所在地 東京都港区三田2-17-23
TEL 03-5427-1674
URL http://www.gshs.keio.ac.jp/
アクセス 都営三田線「三田」徒歩8分、JR山手線「田町」、
地下鉄南北線・都営三田線「白金高輪」徒歩10分

生徒数 (2月23日現在)

568名

制　服

グレーのスカウト、白のブラウスに紺のセーターまたはベストをあわせて着ることができる。行事などの場合は、グレーの三つ揃えを着用。

留学・国際交流

7～8月にハワイ・プナホウ高校と4週間の交換留学プログラムを実施している(1～3年生)。2～3月の3週間、アメリカとイギリスでそれぞれホームステイをするプログラムもあり、また、長期留学として、国際ロータリークラブやAFSなどの留学制度も。これらの機関を通じて海外からの留学生受け入れも行っている。

慶應義塾大学への進学実績

(2010年3月卒業生)

合計 **187名**　内部進学率 **98%**

文学部	25名
経済学部	50名
法学部法律学科	29名
法学部政治学科	26名
商学部	21名
医学部	5名
理工学部	17名
総合政策学部	0名
環境情報学部	3名
看護医療学部	1名
薬学部薬学科	10名
薬学部薬科学科	0名

※原則として全員推薦がもらえる

校外活動

1年は野外活動、2年は研修旅行、3年は修学旅行が5月にそれぞれある。

入試情報(2012年度)

★一般入試
【募集人員】一般約90名、帰国生若干名
【選抜方法】筆記試験(国語・英語・数学・作文)

★推薦入試
【募集人員】女子約10名
【選抜方法】出願書類および適性検査・面接
【受験資格】2012年3月に中学校を卒業見込の者。慶應義塾女子高等学校を第一志望とする者。出身中学校長の推薦を受けた者。中学校第3学年の評定(5段階評価)が以下の条件をすべて満たしている者。(a)9教科(国語、社会、数学、理科、音楽、美術、保健体育、技術・家庭、外国語)の評定合計が42以上である。(b)理科と社会の評定がともに5である。(c)2の評定がない。中学校入学から2011年12月末日までの欠席・遅刻・早退の合計数が5以内である者。中学校の3年間を通して部活動に積極的に取り組んだ者。生徒会活動に積極的に取り組んだ者。学習面で顕著な成果を挙げた者、または知的関心や能力が極めて高い者。

卒業生が語る

男子校みたいな女子校

慶應義塾女子高等学校卒業
慶應義塾大学経済学部3年
大塚《おおつか》 理央《りお》さん

実家は愛知県で、父親の仕事の関係で小学4年生からマレーシアに住んでいました。そして高校進学のときに日本の高校に進学するなら、東京にある有名な高校に行きたいと思い、両親の勧めもあって慶應女子を受験しました。

大学受験がないぶん高校時代はバレーボール部に入り、ガッツリ部活動に打ち込みました。

そして、部活を引退したあとは十月《かんな》祭《さい》に全力を注ぎました。部活ごとに出し物をして、来場者に投票してもらって、いろいろな部門で順位を決めます。1、2年生のときは飲食部門でしか優勝できなかったので、3年生では、飲食と装飾部門の2つで優勝したくて頑張りました。その結果、両方で優勝できてみんなで泣きました。

このほかの演劇会と運動会の行事も燃えますね。小さいころからミュージカルのレッスンをしてきた生徒もいて、演劇会のレベルは高いです。力仕事が必要な舞台のセットも自分たちでやるのでみんな力強くなります。運動会はどこにでもある運動会ですけど、1学年4クラスで人数も少なく、1人の頑張りがクラスに影響するので盛りあがります。

校則は化粧、ピアス、アクセサリーはダメなんですが、金髪やパーマは大丈夫でした。先生たちは校則に関してはなにも言わなくて、すべて生徒会がチェックします。生徒会の人たちが、朝の登校のときに正門で並んで検査をする異装検査という名物があります。

定期テストは期末テストだけで、このほかに実力テストがあります。大学学部の選択では、1年生の実力テストが2割。2、3年生の実力テストと期末テスト4割ずつの割合で、上位の生徒から選択できます。

慶應女子を選択して、すごく充実して楽しい高校生活を過ごせました。もう一度生まれ変わっても慶應女子に入りたいし、将来、自分の子どもも慶應女子に入れたいと思います。

The University of Tokyo
Vol.014
text by Tommy

東大への近道

4月は持久力を鍛える訓練をしよう

「四月は残酷きわまる月だ」

これはイギリスの詩人・劇作家であるエリオットの『荒野』という作品の一節で、生命の息吹あふれる春をあえて「残酷」と表しています。

この表現は、東大のキャンパスにおいても言えることかもしれません。4月になると、難関試験を突破した受験生たちが、晴れて東大生として駒場キャンパスに集まります。教室はあふれんばかりの人でにぎわい、1年生は毎日朝から晩まで大学で勉強します。

このまま4年間が過ぎると思ったら、それは大間違いです。5月のゴールデンウィークが終わったころには、一部の学生は大学から完全に気配を消し、一部の教室には閑古鳥が鳴き始めます。学生は自分が4月に選択した講義数の多さに苦しみ、課題の多さに絶望します。これが東大1年生の「五月病」です。そして五月病の原因となる、4月にやたら張りきってしまう現象のことを友人の間で「四月病」と表現しています(注：ここに書いたのは一例であり、東大生全員がこうなるわけではありません。多くの学生は真面目に勉強することは言わずもがなです)。

さて、このような現象は東大に限ったことではなく、多くの学生に見られる現象であると思います。今回は4月に張りきりすぎて、途中で息切れしてしまう「四月病」を未然に防ぐための方法を考えていきましょう。

とはいえ、このコラム「東大への近道」を毎月読んでくださっている賢明な読者のみなさんはすでに、4月からスタートダッシュをきるための計画作りを進めていることでしょう。何事も計画なくして継続なし、振り返りを活かしてくださいね。

四月病の一番の原因は、やる気の空回りです。これまでのふるわない成績をなんとかしようと思うあまり、自分のキャパシティ（能力）以上の計画を立ててしまい、不実行に終わってしまいます。受験勉強はマラソンと同じですから、いくらスタートダッシュが早くても、途中で居眠りをしてしまっては、イソップ物語のウサギとカメと同様にカメに負けてしまいます。

しかし逆に考えればそれだけやる気があるのですから、正しい方向に向けてあげれば大きな推進力となることでしょう。私は4月に持久力を鍛える訓練をすることをおススメします。

例えば読書です。私が冒頭にあげたエリオットの『荒野』の例をみて、「わけわからない。もう読むのをやめよう」と投げ出す人もいるでしょう。しかし、少し我慢して読み進めてくださったみなさんは、きっと少しだけ意味がわかってきたのではないでしょうか。もしエリオットに興味を持って近所の図書館で本を借りて読んでみれば、また新たな発見があることでしょう。

私は勉強に限らず、一流と呼ばれるような人たちは必ず「持久力」があるように思います。メジャーリーグで活躍するイチロー選手は、プロになるために毎日欠かさずトレーニングを行いました。「今日は用事があるから」「昨日頑張ったから」などという言い訳をせずにひたすら目標に取り組める持久力こそ、天才と呼ばれるほどの実力を獲得する唯一の方法なのだと思います。

いよいよ春が近づいてきましたが、まだまだ学校では卒業式の余韻が残っているかもしれませんね。新たな季節を健康に迎えられるよう、風邪には気をつけましょう。

▶▶▶ 張りきってしまう現象「四月病」

楽しく学んで覚えよう！
四字熟語 ことわざ 故事成語

読み書きの間違いに注意!! 編

ここでは、書き取りや読みを問われたときに間違いやすい言葉を紹介していくよ。

絶《ぜっ》体《たい》絶《ぜつ》命《めい》

【意味】危険や困難からどうしても逃れられないさまや、追い詰められ、切羽詰まったさま。

Check!

よく聞く言葉だから間違えないよ、と思うなかれ。絶「対」絶命なんて書かないように気をつけて！

青《せい》天《てん》の霹《へき》靂《れき》

【意味】予想外の出来事や事件が突然起こること。

Check!

「青天」はよく晴れた日、「霹靂」は落雷のことだ。意味は一緒だけど「晴天」ではないので間違えないように気をつけよう。

不《ふ》倶《ぐ》戴《たい》天《てん》

【意味】ともにこの世に生きられない、また、生かしてはおけないと思うほど恨み・怒りの深いこと。また、その間柄。

五《ご》里《り》霧《む》中《ちゅう》

【意味】方向を失うこと。物事の判断がつかなくなること。

Check!

「夢」のなかではなくて「霧」のなかで方向を見失うってことだよ。くれぐれも五里「夢」中とは書かないように。

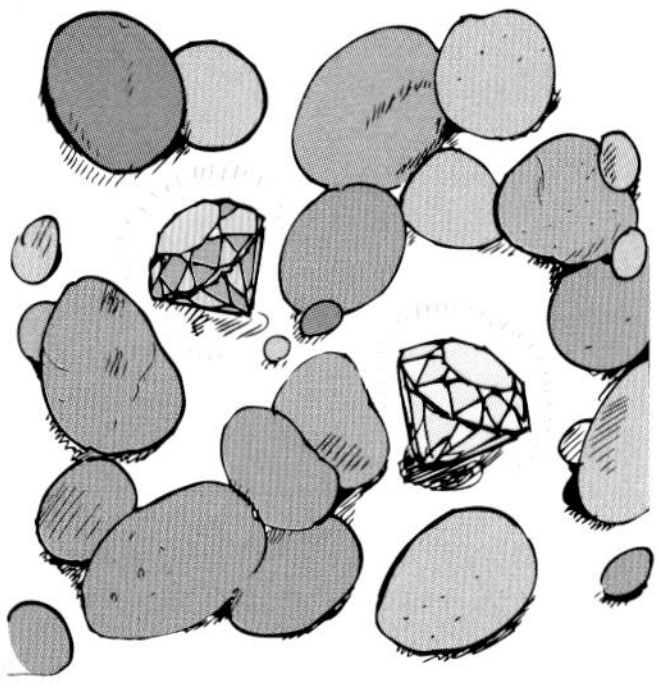

危《き》機《き》一《いっ》髪《ぱつ》

【意味】髪の毛一本ほどのわずかな違いで、危険や困難に陥るかどうかの、とても危ない瀬戸際のこと。

Check!

この意味からもわかるように、危機一「発」ではないので注意しよう。

玉《ぎょく》石《せき》混《こん》交《こう》

【意味】優れたものと劣ったものが区別なく入り交じっていることのたとえ。

Check!

本来は玉石混「淆」と書くのだけど、常用漢字ではないので、「交」の字を使うよ。また、玉石混「合」というのもよくある間違いだ。

画《が》竜《りょう》点《てん》睛《せい》を欠《か》く

【意味】最後の仕上げが欠けていると、どんなに素晴らしいものでも、完全とはいえないこと。

Check!

意味がわかっていても、画竜点「晴」を「書」く、とすべてが台無しになってしまうのでご注意を。

白《はく》眉《び》

【意味】兄弟のなかで最も優れているもの、また、多くの者のなかで最も優れているもののこと。中国の三国時代、「馬氏の五常」と言われるいずれも優れた5人兄弟がいた。なかでも、眉毛に白い毛が混じっていた四男の馬良《ばりょう》が最も優れていると言われていたことから、この言葉が生まれた。

Check!

ちなみに、五男の馬謖《ばしょく》も「泣いて馬謖を斬る」という故事成語になっている。どんな意味かは自分で調べてみよう。

国語の受験問題において、かなりの頻度で出題される四字熟語やことわざ、故事成語。
これらの言葉を3つのテーマに分けて紹介していくので、新学期が始まる前に覚えてしまって、周りのみんなに差をつけよう！

生きものがたくさん!!編

言葉のなかに動物や虫など生きものが含まれるものも多く見られる。その生きものをイメージしながら覚えれば、頭にもスッと入ってくるよ。

花《か》鳥《ちょう》風《ふう》月《げつ》

【意味】美しい自然の風景・景色や、それを題材として詩や絵画をつくったりすること。

蛍《けい》雪《せつ》の功《こう》

【意味】苦労して勉強を頑張ったその成果のこと。中国の晋の時代に、ともに貧しかったが、ホタルをたくさん捕まえた光で勉強した車胤《しゃいん》と、窓辺の雪明かりで勉強した孫康《そんこう》が、その努力の甲斐あって成功したところから生まれた故事で、「蛍雪」はそのホタルと雪からとられている。

Check!

卒業式などでよく歌われる「蛍の光」の一節「蛍の光　窓の雪」はこの故事が基になっているんだ。

羊《よう》頭《とう》狗《く》肉《にく》

【意味】店頭では羊の頭を見せて、羊を売っているように装いながら、実際には犬の肉を売っていたという中国の故事から、宣伝は立派だが、中身が伴っていないという意味。「狗」は「犬」のこと。

虎《こ》視《し》眈《たん》々《たん》

【意味】虎が獲物を狙ってじっくりと見下ろしているさま。ここから、強いものが機会を狙ってタイミングを見計らっていることを言う。

竜《りゅう》頭《とう》蛇《だ》尾《び》

【意味】初めは勢いがいいけれど、終わりに近づくと勢いがなくなっていくことを、頭は竜のように立派なのに、尻尾は蛇のように細くなっているバランスが悪いさまに例えた言葉。

猿《さる》も木《き》から落《お》ちる

【意味】どんなに上手な人でも失敗することがあるというたとえ。
【類似のことわざ】弘法も筆の誤り。河童の川流れ。上手の手から水が漏（れ）る

人《にん》間《げん》万《ばん》事《じ》塞《さい》翁《おう》が馬《うま》

【意味】人間のいいことや悪いことは、移り変わるので予測できないことの例え。また、だから簡単に喜んだり悲しんだりするべきではないという意味でも使われる。中国の北方の砦（塞）に住んでいたおじいさん（翁）の馬が逃げてしまったが、その馬は立派な馬を連れて帰ってきた。そして、その馬に乗った息子が落馬してケガをしたが、その後、敵が攻めてきたときに、多くの若者が兵士として戦い、死んでしまったなか、息子はそのケガのために戦えず、結果助かったという中国の故事から。

Check!

「人間」は「じんかん」とも読み、「世間」という意味もあるよ。

豚《ぶた》に真《しん》珠《じゅ》、猫《ねこ》に小《こ》判《ばん》

【意味】どちらの言葉も、こちらからすればどんなに貴重なものでも、その価値がわからないものにとってはなんの意味もありがたみもないということ。

獅《し》子《し》奮《ふん》迅《じん》

【意味】獅子（ライオン）が奮い立って、猛烈な勢いで戦うさまから、そのような勢いで活動することに対して使う。

馬《ば》耳《じ》東《とう》風《ふう》

【意味】「馬耳」は文字通り馬の耳で、「東風」は春風の意味。人と違って、馬は冬が終わって暖かい春風が耳をなでてもなにも感じないという意味で、転じて人の意見を聞かないことの例えとなった。

数字だらけ!! 編

こうした言葉には、数字が含まれたものがたくさんあるよね。そのなかから「三」以外の数字が入ったものをピックアップしてみたよ。

二束三文《にそくさんもん》

【意味】数が多くても、値段が安くて利益にならないこと。

朝三暮四《ちょうさんぼし》

【意味】目先の意味にとらわれて、結局は同じであることを理解しないこと。また、巧みな言葉で人をだますこととしても使われる。

孟母三遷《もうぼさんせん》の教《おし》え

【意味】中国の儒学者・孟子《もうし》の母が、墓場の近く（葬式の真似ばかりした）、市場の近く（商人の真似ばかりした）、学校の近く（礼儀作法を真似するようになった）と、子どもの教育のために転居していったという故事。ここから、教育には環境が大切であるという教えとして使われるようになった。

三々五々《さんさんごご》

【意味】あっちに3人、こっちに5人というように、人やものがあちこちに行ったりあったりするさま。

四苦八苦《しくはっく》

【意味】もとは仏教用語で、非常に苦労することや、大変な苦しみのこと。

百戦錬磨《ひゃくせんれんま》

【意味】多くの戦いを経験して鍛えられていること。「百戦」は「たくさんの戦い」という意味で使われている。

五十歩百歩《ごじっぽひゃっぽ》

【意味】孟子が、魏《ぎ》国の王に「戦争のときに、怖くなった2人の人間のうち片方が50歩逃げ、もう片方が１００歩逃げました。そして、50歩逃げた方が１００歩逃げた方を笑いましたが、これをどう思いますか」と尋ね、その王が「どちらも逃げたことには変わりない」と答えた故事から、大差がないことの意味として使われている。

【類似のことわざ】どんぐりの背比べ

八方美人《はっぽうびじん》

【意味】文字通り、どこから見ても欠点のない美人のこと。また、だれに対しても抜かりなく振る舞うさまや、そのような人のことを悪く言うときに使われる。

七転八起《しちてんはっき》

【意味】何度失敗しても、諦めずに立ちあがって努力すること。七転《ななころ》び八起《やお》きという言い方もする。

雀百《すずめひゃく》まで踊《おど》り忘《わす》れず

【意味】若いときに身につけた習慣や道楽はいくつになっても直らないことの例え。雀は死ぬまで踊るようにはねる習性を持つことから来ている。

【類似のことわざ】三つ子の魂百まで

千差万別《せんさばんべつ》

【意味】さまざまに違って同じでないことを言う。「千」「万」は数が多いことをさす。

「自立・自律」の精神を学び 先を見通し、自ら動ける人間に

SCHOOL EXPRESS

本郷《ほんごう》高等学校

東京都 私立校 男子校

つねに先を見通し、自ら動くことができる人材を育ててきた本郷高等学校。「文武両道」「自学自習」「生活習慣の確立」という３つの教育方針のもと、創立から90周年を迎えても、その教育スタイルが揺らぐことはありません。

School Data

所在地　東京都豊島区駒込4-11-1	生徒数　男子のみ927名
アクセス　JR山手線·都営三田線「巣鴨」徒歩３分、JR山手線·地下鉄南北線「駒込」徒歩７分	ＴＥＬ　03-3917-1456
	ＵＲＬ　http://www.hongo.ed.jp/

北原《きたはら》 福二《ふくじ》校長先生

創立90周年を迎える伝統ある男子校

伝統的な男子校として長い歴史を誇る本郷高等学校（以下、本郷）。のちに貴族院議長となった松平頼壽《よりなが》先生（初代理事長・校長に就任）によって、1923年（大正12年）4月、「個性を尊重した教育を通して、国家有為の人材を育成する」という建学の精神のもと、巣鴨に開校されました。

その年の9月には関東大震災があり、建築中の校舎が破損するなどの苦難がありましたが、それを乗り越え、翌年の4月には無事に工事が完成しました。

その後、1948年（昭和23年）の学制改革によって学校名を本郷中学校から本郷高等学校へ改称しました。そして、1988年（昭和63年）には中学校を再開し、現在にいたります。

本郷の教育の柱となるのは、「文武両道」「自学自習」「生活習慣の確立」の3つの教育方針です。この3つについて北原福二校長先生はこう説明されます。

「社会に有為な人材として、なにが求められているかと考え、本校では、自ら立ち、自ら律する『自立と自律』ができる生徒の育成を重視しています。3つの教育方針は、『自立と自律』の精神を学ぶための基礎となります。」

こうした教育の成果の一端が示されたのが、昨年の3月11日、東日本大震災のときでした。

本郷では生徒・教員など約600名が帰宅困難で宿泊することになりました。そのときのことを北原校長先生は「災害に備えて学校でも準備はしてあり、教員もテキパキと行動してくれました。そして、なによりも生徒たちが、余震などの状況を見ながらしっかりと集まり、はしゃぐわけでもなく、沈み込むわけでもなく、自分たちを律しながら粛々とその日を過ごしてくれたことが印象的でした」と振り返られます。

「自立と自律」の精神が、学校全体に根付いていることを実証するエピソードと言えるでしょう。

競技大会

体育祭　中高合同で行われる体育祭では、チームは縦割りの3チームで争われます。各種競技や応援合戦に加え、伝統の本郷体操も披露されます。

生徒の志望に応じた細かいコース設定

本郷は3学期制・週6日制をとっており、1時間は50分授業で月～金曜日が6時限、土曜日が4時限となっています。ただし、高校から入学してくる高入生は、週に2日、7時限目があり、そこで数学の補講が行われています。夏休みにも10日間、数学の必修補講が実施されています。これは、先取り学習をしている中入生の進度に追いつくためです。

また、高校1年次では、中入生が6クラス、高入生（今年度73名）が2クラスの別クラス編成になります。中入生はさらに特進コース（2クラス）と進学コース（4クラス）に分かれます。特進コースには東大などの最難関国立大を志望する生徒が集まります。

2年生に進級すると、中入生と高入生の混合クラスとなり、さらに特進コース、進学コースに分かれていきます。そして、高入生も少数ではありますが、1年次の成績や模擬試験の結果などに応じて特進コースに入ることができます。

高校2年生以降の進学コースには、文系Ⅰ・Ⅱ、理系Ⅰ・Ⅱの4つのコースがあります。文理ともにⅠ

コースは国公立大・私立大をめざすコースで、Ⅱコースが難関国公立大を志望するコースです。

それまでの2年間で英語・数学・国語の高校課程を終えるカリキュラムになっているため、最終学年の高3は、大学受験にじっくりと取り組める体制が整えられています。基本的に2年次と同じコース制ですが、国公立大受験と私立大受験のそれぞれに直結する自由選択科目が細かく設定されています。生徒は、自分のめざす大学に合わせた選択履修ができるようになっています。

『自学自習』を促す さまざまな学習プログラム

生徒の学習効果をあげるさまざまな学習プログラムを用意しているのも本郷の特色です。その1つに、各学年で学期が始まってすぐの4月、9月、1月に実施される「本数検」（本郷数学基礎学力検定試験）があります。

「全学年が同じ問題を解き、その点数によって『級』から『段』までのランクが認定されます。試験範囲は事前に発表していますので、休みの期間に計画性を持って取り組めば、ある程度結果が出せるようになっています。試験結果も当然見ますが、休みの期間に生徒たちがそれぞれどう勉強に取り組んでいたかを評価することができるのです。」（北原校長先生）

ほかにも、夏期講習や複数回の外部模試、こまめな小テストなどが行われます。ここでも基本となるのは「自学自習」の考えです。

『生活記録表』で培う 時間コントロール術

勉強だけではなく、人としての成長も重視している本郷では、入学当初から高校生活をいかに確立していくかを考える機会を用意しています。入学式翌日に出発する2泊3日（箱根）のオリエンテーションもその1つです。集団生活をしながら、本郷の習慣や高校の学習はどのようなものかということを学びます。中入生と高入生の交流も図られることで親睦も深まります。

普段の学校生活では、「生活記録表」という冊子が1年次から配られます。

これは先生がたが長年培った経験をもとに毎年改良を重ねながら作成している冊子です。生徒は毎日、この冊子に起床から就寝まで1日の記録を書き込みます。

「初めからそんなにたくさん書けるわけではありませんが、例えば定期考査で点数が落ちた生徒に対して、

本郷祭（文化祭） さまざまな模擬店や発表の展示が2日間にわたって行われます。毎年人気があるのが、クラブごとに店を出す「本郷市」です。科学部を中心に文化部の発表も充実しています。

寒稽古

マラソン大会

面談をしましょうとなったときに、この生活記録表を持ってきてもらいます。そうすると、就寝時間を見るだけでも、勉強の時間がうまくとれていないことや、計画を自分でしっかり考えて立てたかどうかといったことを知ることができます。

　こうしたことを積み重ねていくことで、振り返りと先を見通すことの大切さがわかり、自学自習への意識が高まります。家に帰ってから、自分の取り組むべきことがすぐにわかるので、時間をコントロールすることもできるようになっていきます。」（北原校長先生）

新校舎・施設の建設で さらに充実する教育環境

　本郷は「文武両道」の教育方針が示すように、体育が盛んな学校でもあります。北原校長先生は「創立時の永井道明教頭先生は、国民体育教育のためにアメリカ・イギリスに留学した経験をお持ちでした。本校の伝統である『文武両道』はその意志を継いだものです。その名残りが体育祭で披露する独自の本郷体操であり、盛んな部活動です」と説明されます。

　当時の文部省に開校の申請を出した1922年（大正11年）から数え、2012年は学校の90周年にあたります。その記念事業の一貫として、新校舎や施設の建設が始まっており、今後、教育環境もますます充実していきます。

　求める生徒像について、「社会の第一線で活躍できるのは、自分のことをよく知ったうえで動ける人間です。つまり、『自立と自律』ができるかということです。いまはうまくできていなくても、高校でそれをめざしてチャレンジしようという生徒さんを待っています」と話される北原校長先生。

　「文・武」のどちらもおろそかにせず、つねに次代を担う男子教育を進めてきた本郷高等学校は、これからも優れた男子教育を行う学校であり続けるでしょう。

クラブ活動

　「文武両道」の伝統から、クラブの加入率も非常に高く、活発に活動しています。ラグビー部など全国大会に出場する部もあります。

　文化部の活動もさかんに行われています。

修学旅行

　高2になると四国や広島に行く修学旅行があります。途中で、創設者・松平頼壽先生の出身地・高松を必ず訪れます。

オリエンテーション

新校舎

平成23年度大学合格実績 ※カッコ内は既卒生

大学名	合格者数	大学名	合格者数
国公立大学		私立大	
東大	5(2)	早大	79(20)
京大	2(1)	慶應大	40(13)
北大	2(1)	上智大	20(4)
東北大	1(0)	東京理科大	64(18)
筑波大	2(0)	青山学院大	22(6)
埼玉大	2(0)	中大	41(7)
千葉大	2(1)	法政大	38(18)
一橋大	1(0)	明大	67(21)
東京工業大	5(0)	立教大	32(9)
東京外大	2(1)	学習院大	9(3)
東京農工大	4(1)	国際基督教大	1(0)
電気通信大	6(1)	昭和大	3(2)
横浜国立大	2(0)	東京慈恵会医科大	3(1)
首都大東京	2(0)	聖マリアンナ医科大	3(1)
その他国公立大	19(3)	その他私立大	374(128)
国公立大合計	55(11)	私立大合計	796(251)

川村《かわむら》高等学校

東京都

豊島区

女子校

School Data

所在地　東京都豊島区目白2-22-3
生徒数　女子のみ414名
TEL　03-3984-8321
アクセス　JR山手線「目白」徒歩1分、地下鉄副都心線「雑司が谷」徒歩7分
URL　http://www.kawamura.ac.jp/

知・徳・体の調和のとれた女性を育てる

伸びのびとした明るい学園生活

ＪＲ線目白駅から徒歩1分という立地に校舎を構える川村高等学校。校名にある「川」の字からデザインした3本の線が入ったセーラー服が特徴で、着こなしからも女性らしく清楚な雰囲気が伝わります。川村学園は、幼稚園から大学までを擁する総合学園です。創設は1924年（大正13年）、創立者・川村文子先生の建学の精神に則《のっと》り、「感謝の心」を基盤とした女子一貫教育の完成をめざし、時代に即応する人材の育成を理想とする女子校です。教育目標として、「豊かな感性と品格」、「自覚と責任」、「優しさと思いやりの心」を持った聡明な女性の育成を掲げています。川村では、高校生という多感な時期に自己啓発と学習に取り組み、伸びのびとした明るい学園生活を送ることができるように努めています。建学の精神である「感謝の心」「女性の自覚」「社会への奉仕」を基に、知・徳・体の調和のとれた豊かな感性と品格を兼ね備えた女性を目指します。

多様な選択科目でそれぞれの進路に対応

川村では、前期・後期の2学期制を導入、土曜は授業を4時限まで増やし、十分な授業時間を確保して、学習内容の充実を図っています。また、言語能力は知的活動の基礎と考え、毎朝読書の時間を設けるなど、国語能力の育成にも熱心です。英語教育も創立当初から力が入れられており、「聞く」「話す」「読む」「書く」の総合的な英語力を鍛え、実践的なコミュニケーション能力を育てます。

2013年度（平成25年度）から実施される新学習指導要領のなかで、数学と理科を先行実施しています。また、現行カリキュラムでは、英語と数学で習熟度別授業を実施しています。2・3年では多様な選択科目が設定され、科目によっては一般教養と受験対応クラスに分かれ、各個人の興味、関心、能力、適性に応じた履修が可能となっています。また、教育課程表を超えた学習として、1年はクエストエデュケーション（企業探求プログラム）、2・3年は英語講座（TOEIC・TOEIC Bridge・英検の受検対策）を開講しています。さらに、希望者や必要な生徒へお昼休みや放課後に補習を実施しています。

個人の力を思いきり伸ばせる自由な雰囲気が魅力の川村高等学校。第2校舎のリニューアル工事を終え、高い防災対策と木のぬくもりのある明るい雰囲気を兼ね備え、生徒たちが学校生活を楽しみながら勉強に集中できる学校です。

School Navi 132

日《に》本《ほん》大《だい》学《がく》第《だい》一《いち》高等学校

東京都
墨田区
共学校

School Data

所在地　東京都墨田区横網1-5-2
生徒数　男子609名、女子346名
TEL　03-3625-0026
アクセス　都営大江戸線「両国」徒歩0分、JR総武線「両国」徒歩5分
URL　http://www.nichidai-1.ed.jp/

キミの夢をがっちりサポート

100年の歴史を刻む日大初の付属校

1913年、日本大学の初めての付属校として神田に誕生したのが日本大学付属第一高等学校です。現在は下町的な人情味あふれる生徒を育てていきたいと、両国駅前の国技館と並ぶ一等地に校舎を構えています。23校ある日大の付属高校のなかで最も歴史が長く、今年で100周年という記念の年を迎えます。校訓に「真・健・和」を掲げ、絆を重んじ、知識偏重ではなく知・徳・体が備わったよい生活習慣を持った次世代人を育成しています。

日本大学第一では、1人ひとりが自分の目標を定め、学力・精神力ともに成長しながら生徒個々の目標達成をめざしています。そのため、日大以外の大学への進学を含めて、自己を実現する確かな力を身につけられるカリキュラムが用意されています。

1年次では基礎学力をしっかりと身につけ、個性や特技、学問的才能を引き出していきます。2年次からは日大をはじめとする大学進学を見据え、文系・理系のコースに分かれ学習していきます。その際、他大学進学を希望する生徒は本人の希望と成績により、「他大学進学クラス」を選択することができます。こうして生徒の進路希望にそった学習をすることで、多くの生徒たちが目標とする大学に進学しています。

総合大学の付属校として活かされる高大連携

日本大学第一では付属校というメリットを活かした日大との高大連携のカリキュラムが用意され、目標設定や進路の確定、専門分野・知識の先取りなどが高校段階から行われています。

文理学部では模擬授業を、生産工学部、経済学部、法学部では実際の講義を履修することができ、期末試験に合格することで単位を取得することができます。また、長期休暇には薬学部や歯・医学部付属病院の1日見学、看護体験など医学部リサーチセンターで先端医学を実体験することもできるのです。

このほかにも春休みと夏休みのそれぞれ2週間、日大の付属校より選抜された生徒が参加するケンブリッジ大学の語学研修に参加することもできます。

こうした、座学だけではない多くの実習を中心とした生徒が体験できる機会を設けることで、目標設定し、それを叶える努力ができるようになっていくのです。

1人ひとりの個性を尊重し、夢をかなえている日本大学第一高等学校です。

共学校

千葉県立
千《ち》葉《ば》東《ひがし》高等学校

夢をかたちに――次世代の社会のトップリーダーとして活躍できる人材を育成

多彩な選択科目群が設定され、大学との連携教育も積極的に行われている千葉県立千葉東高等学校。勉強・部活動・学校行事に充実した高校生活を過ごす、はつらつとした生徒たちの姿が輝いています。

渡邊《わたなべ》 茂通《しげみち》 校長先生

高等女学校から始まる創立71年の伝統校

１９４１年（昭和16年）、千葉市立千葉高等女学校が開校されました。ここから千葉県立千葉東高等学校の歴史が始まります。１９４８年（昭和23年）、新学制により千葉市立女子高等学校と改称され、現在地の轟町に移りました。

１９５０年（昭和25年）に県立移管によって千葉県立第三高等学校となり、男女共学制がスタートしました。１９６１年（昭和36年）千葉県立千葉東高等学校（以下、千葉東）と校名変更し、現在に至っています。２００４年度（平成16年度）より、進学指導重点校の指定を受け、２００７年（平成19年）に2学期制、翌年に単位制が導入され、２０１１年（平成23年）に、創立70周年を迎えました。

千葉東は、「夢をかたちに」をビジョンとし、「次世代の社会のトップリーダーとして活躍できる人材の育成」をミッ

部活動

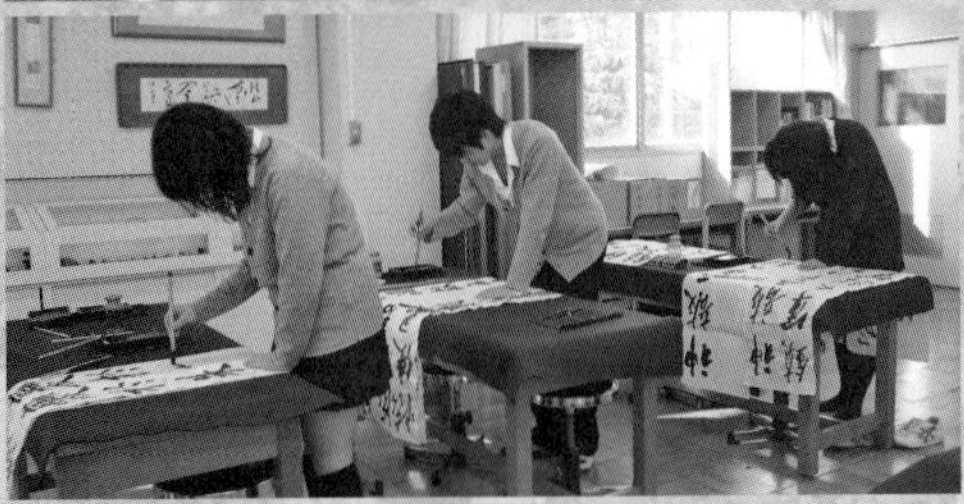

文化部では吹奏楽部やマンドリン楽部、音楽部の定期演奏会があります。また、昨年度は全国高校総合体育大会で男子200M優勝、山岳部が女子団体で準優勝するなど、文武両道で頑張っています。

「写真提供　学校写真」

ションに定めています。

渡邊茂通校長先生は「生徒たちが本校に入学してきたとき、さまざまな夢を持っています。私たちはその夢に向かうお手伝いとして、丁寧な指導をしています。そして生徒をより高い目標に導いて、進路実現をさせたいと考えています。さらに進路だけではなく、自分の考えについて、自分の言葉で相手に伝えられるような人間として生徒を育てていく教育を主眼としております」と話されました。

課題を出すことで自学自習を身につける

2学期制への移行は、授業時間数の確保を目的に始められました。前期の期末考査について渡邊校長先生は、「2学期制だと夏休みが終わってから後期になりますので、前期の期末考査まで期間があり、生徒たちの中だるみが心配されます。本校では夏休みに入る前の7月初めに確認テストを行い、このテストでいままで勉強してきた範囲のチェックをしています」と説明されました。

授業は1時限45分で、月曜日から金曜日まで7時限授業。国の方針に基づき土曜日に授業は行っていません。原則として土日は、生徒が部活動に使っています。「本校は進学指導重点校ですので、しっかり勉強もさせなくてはいけません。そこで週末に毎週課題を与えて月曜日にチェックをしています。家庭学習を大事にし、自学自習の学習習慣を身につけさせたいとの思いから行っています。もちろん、週末だけではなく月曜日から金曜日までも、毎日課題を出しています」（渡邊校長先生）

多彩な選択科目で進路に合った学習が可能に

クラス編成は、1クラス約40名で1学年8クラスです。男女比はほぼ同じ人数になっています。

教育課程では、1年次で共通履修が行われ、2年次の社会科で日本史Bか地理B、理科で生物基礎か地学基礎のどちらかを選択するようになります。

そして、3年次で文類型と理類型に分かれます。理類型ではさらに数学Ⅲと総合数学βに分かれ、およそ9（数学Ⅲ）対1（総合数学β）の割合になります。文類型・理類型には多彩な選択科目群が用意され、自らの進路に合った学習を行うことができます。

「2012年度からは新教育課程による理数教育の充実を考慮し、1年次、2年次ともに数学週6時間、2年次には理科週6時間を全生徒に履修させます。理系科目に力点を入れた教育課程を実施する考えです。」（渡邊校長先生）

少人数授業は、3年生の数学Ⅲ・Cと理類型の古典、文類型の古典講読で行わ

交換留学・ホームステイ

3月に２週間、ホームステイをしながら現地の高校に通います。現地の生徒と一緒に学校生活やプレゼンテーションなどをすることによって、国際理解力や語学力を伸ばします。

バレーボールやサッカーなどの球技と長縄跳びをして、クラス対抗で競い合います。５月に行われるため、入学したばかりの１年生はこれを機に仲良くなります。

スポーツ・レクリエーション大会

「写真提供　学校写真」

れ、数学Ⅲ・Cは2クラス3展開で学習進度によって分かれています。文類型の古典講読と理類型の古典は、1クラス2分割で行い、応用クラスと基礎クラスを生徒の希望によって分けています。

夏季講習は、各学年で実施されています。夏休みの始めと終わりにさまざまな講座が設けられます。

「前もって予定表を生徒に配りますので、生徒は自分が希望する講座を選択して学んでいます。夏休み前には、確認テストの結果が出ていますので、前期で足りなかった学習部分を補強する意味でも有効な講習になっています。」（渡邊校長先生）

卒業生との交流も盛んで大学との連携も充実

千葉東では大学との連携にも力が入れられています。千葉大教育学部の基礎教養講座が設けられ、教育学部の教授が、教師をめざす希望生徒を対象に週1回土曜日に、学校で授業を行っています。また、HOC（High school On Campus）は、千葉大で行われる講義に千葉東の希望生徒が参加します。これらに参加すると、学校外の学修（大学における学修）として修得単位にプラスされます。このほかSPP（Science Partnership Project）では、千葉大、東邦大などの教授による先進の理数教育を受講できます。この講座は千葉大からも高大連携理数教育重点校に指定されています。東京農工大との連携では、夏季集中講義として、「高校生のための体験教室」が設定されています。

高校に入学したばかりの1年生は、鴨川青年の家で1泊2日のスプリングセミナーを行います。これは、これからの勉強の仕方や高校生活はどういうものかを学ぶためのもので、卒業生も参加して、大学についての話も交わされます。

また、千葉東出身の現役大学生500名以上が登録している「ポジティブ制度」というものがあります。志望大学に登録されている卒業生がいると、在校生がその卒業生から話を聞くことができる制度です。具体的なアドバイスなどが聞けて、生徒たちに好評です。

このほかに2年生を対象に「司法の世界」「生命・医療の世界」の2分野に分かれて、裁判所や放射線医学総合研究所などに行き、そこで働く人たちの話を聞くことができるインターンシップがあります。このように生徒たちの夢や将来の進路を構築するためにさまざまな進路指導をしています。

国際交流も1974年（昭和49年）から続いています。3月に2週間の日程で、ニューヨーク市研修のあと、ミシガン州クラークストンでホームステイをしながら現地の高校に通います。

「校内で選考会を行い、希望者10名が行きます。本校にも留学生に来てもらって

東雲祭《しののめ》（文化祭）

1、2年生はクラス展示、3年生は全クラス演劇を行います。オープニングでは100名を超えるマンドリン楽部の演奏もあり、大変盛りあがります。

「写真提供　学校写真」

います。今後も異文化交流を積極的に図っていきたいと考えています。」（渡邊校長先生）

勉強・部活動・学校行事に全力で取り組む

千葉東は進学指導重点校に指定され、進学校としての実績を残しています。渡邊校長先生は、「本校の生徒はほとんどがセンター試験を受けます。センター試験が終わってからは、生徒の希望をとって受験する大学の個別指導をしています。完全なマンツーマン指導です。本校では現役で第1志望に入ってもらえるような指導をしますが、そこでは高い志望を持たせるようにしています。志望大学については、千葉大が本校の近隣にあり、高大連携の講義などでもお世話になっていますので、千葉大をめざす生徒たちが必然的に多くなっています。

数字として『国公立大学80名以上の現役合格・難関私立大学１００名以上の現役合格・現役合格率70％以上』を掲げています。ただし、あくまでも生徒がどういう方面に進みたいのか、将来なにをやりたいのか、それを大事にしているのが本校の姿勢です」と語られました。

千葉東にはスクールカウンセラーが週1回来校し、生徒だけではなく保護者にも面談が行われています。保健室でもさまざまな心の相談に応じてくれる環境が整えられています。

学校生活全般にわたってきめ細かな指導が行われている千葉東には、どのような生徒さんが来てほしいのでしょうか。渡邊校長先生は、「本校の生徒は、勉強・部活動・学校行事に全力で取り組むことにより、教養、積極性、忍耐力を身につけています。本校ではそれを『東高魂』と呼んでいます。ですから、本校は、勉強・部活動・学校行事のいずれにも全力で取り組む中学生を待っています」とおだやかな笑顔で話されました。

School Data

千葉県立千葉東高等学校

所在地
千葉県千葉市稲毛区轟町1-18-52

アクセス
ＪＲ線「西千葉」徒歩8分、
千葉都市モノレール「作草部」徒歩5分

生徒数
男子478名、女子502名

TEL
043-251-9221

URL
http://link.netcommons.net/chibahigashi/htdocs/

平成23年度大学合格実績（現役のみ）

大学名	合格者	大学名	合格者
国公立大学		私立大学	
北大	3	早大	33
東北大	4	慶應大	17
筑波大	3	上智大	13
千葉大	26	青山学院大	13
お茶の水女子大	3	東京理大	34
東大	2	中大	17
東京外大	5	法政大	27
東京学芸大	3	明大	47
東工大	3	立教大	48
その他国公立大	35	その他私立大	247
国公立大合計	87	私立大合計	496

和田式教育的指導

春休みの過ごし方を大事にしよう

入試が終わった3年生は高校の勉強を始めましょう。2年生は本格的に高校受験を意識した1年を迎えます。新たなる挑戦へ向けて可能性を広げていきましょう。

高校に入学する前に勉強をスタートしよう

受験を終えた人たちにとって、この春休みをどのように過ごすのかが重要なポイントになります。

とくに第1志望の学校に合格した人は、気を緩めがちになりますので気をつけてください。

第1志望の高校に合格できなかった人は、入学した学校でいままで以上に勉強して、目標とする大学に行けるように頑張りましょう。

高校受験は大学受験への一里塚であることを忘れないでください。最終目標は第1志望の大学に合格することなのです。

志望する高校に合格した人も、そうでなかった人も、春休みにはすでに高校生としての自覚を持った勉強を始めなければならないということです。

なぜなら、高校に入ってからの勉強は、中学時代とは大きく異なり、教科・科目の難度が高くなります。とくに、中高一貫教育を行っている学校では、内進生が中学生のうちに、高校の範囲を先取りした教育を受けています。その生徒たちの進度に追いつくため、高校の範囲に関しては、わかりやすい参考書や問題集を、この春休みにきちんとやっておくことが必要です。

受験が終わったからといって、これまでの勉強癖をなくさずに、1日3時間でもいいですから勉強時間を確保しておきましょう。

中学2年生は受験勉強が始まる

いま中学2年生の人たちは、先輩たちが卒業式を迎え、4月からは中学で最高学年となります。そう、いよいよ受験勉強がスタートするのです。

卒業した先輩たちは、最近まで試験が続き、学校での雰囲気もピリピリしていたり、あわただしくなっていたのをみなさんも感じていたと思います。

そうした先輩たちの姿を思い返してみてください。来年は、自分がそこにいるわけです。いまからあと1年の間には、第1志望校への合格を確実なものにしていかなければいけません。

予備校ではこの時期に、春期講習が設けられています。このような講習を受けることにより、受験学年だという自覚が強くなり、普段の中学3年生から「受験生」へと

変身するのです。

ですから、春休みには春期講習を受けて、高校受験への意識を高めておくことも必要でしょう。

受験用の問題集や参考書を使った勉強を始めてみるのもいいでしょう。あるいは、志望校の過去問をちょっとやってみて、現時点でどのくらいの点数が取れるかを把握してみてください。

中学2年生は、いまの時期から受験生としてすでにスタートしているのだという意識を強く持つことが重要です。受験は先手必勝ですから、まずは意識から変えていきましょう。

合格への近道は志望校を決めること

中学2年生のこの時期にやっておきたいもう1つの大きなポイントは、志望校を決めることです。

公立高校に絞っている人は、入試では共通問題対策が必要となってきますので、まず学校での勉強をきちんとやることが大切になります。これまで勉強したことを復習し、自分の弱点を補う勉強をするように心がけてください。

私立高校に決めている人は、その志望校の入試問題に合わせた勉強をしなければなりません。これからは、入試の傾向と対策を考えた受験勉強をすることが重要になります。

公立志望でも私立志望でも、受験勉強するにあたって、志望校を決めたら予備校でその志望校対策の講座を受けるといいでしょう。各校の入試に対応したきめ細かな指導を受けられるし、第1志望を同じくする人たちと勉強をすることで、「志望校の合格を勝ち取るぞ！」というモチベーションも高まります。

さらに、人よりも1カ月でも2カ月でも早く志望校を決めることで、気持ちが受験に切り替わるので、勉強したことが吸収されやすくなります。

また、卒業した先輩のなかに、第1志望とする高校に合格した人がいたら、「自分もあのようになりたい」という気持ちになってください。これからの長い受験までの道のりで、気持ちが緩んだときには、合格した先輩のことを思い出して自分への励みにしてほしいと思います。

Hideki Wada

和田秀樹

1960年大阪府生まれ。東京大学医学部卒、東京大学医学部附属病院精神神経科助手、アメリカのカールメニンガー精神医学校国際フェローを経て、現在は川崎幸病院精神科顧問、国際医療福祉大学大学院教授、緑鐵受験指導ゼミナール代表を務める。心理学を児童教育、受験教育に活用し、独自の理論と実践で知られる。著書には『和田式　勉強のやる気をつくる本』（学研教育出版）『中学生の正しい勉強法』（瀬谷出版）『難関校に合格する人の共通点』（共著、東京書籍）など多数。初監督作品の映画「受験のシンデレラ」がモナコ国際映画祭グランプリ受賞。

※このページは33ページから読んでください。

(“ ”で括《くく》られている文）に言い換える問題だね。

(a)は間接話法の文で、『彼は私に、漫画の本をその翌日に返す、と言った』という意味だ。

He told me ＝彼は私に言った

that he would return the comic book

＝自分（彼）は漫画の本を返す

the next day ＝その翌日

この間接話法を直接話法に言い換えると、

〈間接〉彼は私に、自分は漫画の本を翌日返す、と言った。

↓　↓

〈直接〉彼は私に「ぼくは漫画の本を明日返す」と言った。

He told me that he would return the comic book the next day.

↓　↓

He told me “I will return the comic book tomorrow.”

これを(b)と照らし合わせるといい。

He said to me “(　　　)(　　　) return the comic book (　　　).”

told me が said to me になっているね。だが、ここは問われていない。

解答 I, will, tomorrow

8は関係詞の問題だ。(a)は、『横浜は私の故郷の町だ』という意味だ。それを(b)では

Yokohama is the city ＝横浜は都市だ。

(　　　)(　　　) I grew up

＝(　　　)(　　　) 私が成長した

と言い換えている。

故郷の町とは、自分の生まれ育った町だ。そこで誕生し成長したところだ。だから（　　　）の部分は次のようになる。

(　　　)(　　　) I grew up

↓

そこで私が成長した

『そこ』は関係詞 where、『で』は前置詞 in が対応する。

解答 in, where

9は〈not ～ any…〉を〈no…〉に言い換える問題だね。(a)は『私たちは帰り道でだれにも会わなかった』という意味だ。それを〈no…〉を用いて言うと、

We saw nobody on our way home. となる。

↓　↘

We (　　　)(　　　) on our way home.

解答 saw, nobody

10は〈not as A as B〉を〈less A than B〉に言い換える問題だね。(a)は『私の母は私の父のようには注意深くない』という意味だ。それを『私の母は私の父よりも注意深くない』と言い換えるのだ。

My mother is not as careful as my father.

＝ My mother is less careful than my father.

↓

My mother is (　　　) careful (　　　) my father.

解答 less, than

このように、慶應義塾高は第1問からレベルが高い。志望者は過去問を調べて、しっかり対策を立てなければ、試験場でボーゼンとしかねないぞ。

編集部より

正尾佐先生へのご要望、ご質問はこちらまで！

FAX：03-3253-5945　e-mail：success15@g-ap.com

※高校受験指南書質問コーナー宛と明記してください。

※このページは33ページから読んでください。

for you to make friends ＝君にとって友だちをつくること

at the next school ＝次の学校で

この文の主語の it は、1で説明した it で、仮に文の最初に置いた語だよ。じつをいうと for you to make friends at the next school の代わりに置かれた仮主語だ。英語では、長い句はできるだけ文のおしまいの方に置くようにするのだったね。

(b)を見よう。

You won't have much (　　　)

＝君はたくさんの (　　　) を持たないだろう

in (　　　) friends at the next school.

＝次の学校で友だちを (　　　) において

(a)と(b)を対比すると、

won't have much (　　　) ＝多くの (　　　) を持たないだろう

↓↑

won't be so hard ＝そう難しくないだろう

to make friends ＝友だちをつくること

↓↑

in (　　　) friends ＝友だちを (　　　) において

という関係だと見抜ける。

『多くの (　　　) を持たない』は『多くの困難を持たない』ということだから、 won't have much (　　　) の (　　　) には『難しさ・困難』という語が入ることになる。『難しい（形容詞）』は difficult で、『難しさ（名詞）』は difficulty だね。

in (　　　) friends の (　　　) には『つくること』という語が入る。『つくる（動詞）』は make で、『つくること（動名詞）』は making だね。

解答 difficulty, making

4は難問だ。your visit next week（＝来週の君の来訪）が、(a)と(b)に共通だから

I'm looking forward to ＝ I can't (　　　) (　　　)

ということになる。

look forward to ～は『～を待ち望む・～を期待する』という意味で、I'm looking forward to ～は『私は～を楽しみにして待っている』だ。でも、それを can't を用いて表現しろというのは難題だね。

英語には can't wait for という言い回しがあって、日本語の『待ち遠しい、心待ちに待つ』に当たる。wait for ～は『～を待つ』だよ。

解答 wait, for

5は基本問題で、能動態を受動隊に言い換える問題だ。ただし、関係詞の知識がないと「易しい！」と喜べないだろう。

(a) He hurt her feelings ＝彼は彼女の気持ちを傷つけた with his words. ＝彼の言葉で

(b) Her feelings (　　　) (　　　)

＝彼女の気持ちは (　　　) (　　　)

by (　　　) he said ＝彼の言った (　　　) によって

能動態の『彼は彼の言葉で彼女の気持ちを傷つけた』という文を受動態（受け身）で言うと、『彼にひどいことを言われて彼女の心は傷ついた』だ。

Her feelings (　　　) (　　　) ＝彼女の気持ちは傷ついた

by (　　　) he said ＝彼の言ったことによって

『傷ついた』は受動態過去で were hurt だが、『彼の言ったこと』はわかるかな？　ここは関係詞 what を用いて what he said だ。

解答 were, hurt, what

6の(a)は『ジョンはある娘と共通の友人を介して知り合った。結局2人は結婚した』という意味だ。

John met a girl ＝ジョンはある娘と会った

through a friend of theirs

＝彼ら（ジョンと娘）の友だちを通して

They finally got married. ＝彼らは最後には結婚した

ジョンの友人は、ジョンを自分の知り合いの娘に会わせた。ジョンと娘の相性がよいと思ったのだろう。案の定、ジョンと娘は結婚した。それを(b)では次のように言い換えている。

A girl (　　　) to John by their friend

＝彼らの友人によってジョンに (　　　) ある娘

友人は娘をジョンに紹介《introduced》した。娘はジョンに紹介されたのだから、(　　　) には introduce の過去分詞 introduced が入る。A girl (who was) introduced to John というわけだ。

finally became (　　　) (　　　)

＝結局 (　　　) (　　　) になった

娘は結婚してジョンの夫人になった、wife になったんだ。

解答 introduced, his, wife

7も基本問題だ。話法の転換、間接話法を直接話法

※このページは33ページから読んでください。

のかもしれない。それにしても初端《しょっぱな》からこんな出題とは…)。

しかたがない。詳しく(くどく)説明しよう。

(a) I won't 〜 ＝私は〜しない(つもりだ)

＝私は〜しない(ことに決めている)

play an online game ＝オンライン・ゲームをする

after 10 p.m. ＝午後 10 時以降

まとめると、『ぼくは夜 10 時を過ぎたらネットのゲームはやらないぞ』(別に「ぼく」でなくてもいいのだが、夜中にゲームに熱中するのは男子に多いから「ぼく」にしてみた)。

an online game after 10 p.m. は(a)(b)共通だから、(a)の I won't play を (b) で I make (　　) a (　　) (　　) to play と言い換えるんだね。つまり、

I won't play ＝ I make (　　) a (　　) (　　) to play

やらないぞ＝しないつもりだ・しないことに決めているというわけだ。

さあ、どう考えるといいだろうか。〈英語のカギは動詞にあり〉という格言(ワガハイが勝手につくった格言)を思い出そう。そう、make に目を(つまり頭を)集中させよう。

make A B は、『A を B にする』という意味だ――これが頭に浮かぶと道は拓《ひら》ける。なぜなら、「しないつもりだ」＝「しないことに決める」＝「しないこと A をきまり B にする」だからだ。

「しない」は not to play だし、「きまり」は a rule だから、

make not to play A a rule B ＝しないこと A をきまり B にする

これを make (　　) a (　　) (　　) to play 〜 に当てはめると、

make (　　) a (　　) (　　) to play 〜

↑ ? ↑ a rule ↑ not to play

となる。整理すると、

I make (?) a rule not to play 〜

もう一息だ。I make (?) a rule not to play an online game after 10 p.m. ここまでできた。

さあ、「?」はどうしようか。

英語では、長い句はできるだけ文のおしまいの方に置くようにする。その方が美しい文だなぁと英語話者たちは感じる。だから、例えば

To take a good point is my joy. (良い点をとるのはうれしい)

という文は、

It is my joy to take a good point.

というふうに言い換えるのが通常だ。まず it を用いて、その後で to take a good point と言う(こういう it を仮主語と呼ぶ)。これと同じように、

I make not to play an online game after 10 p.m. a rule.

という文は

I make it a rule not to play an online game after 10 p.m.

と言い換えるのが通常なのだ。この it が(?)に当たるわけなんだ(ここでは、it は主語ではなく make の目的語なので仮目的語という)。

解答 it, rule, not

ここまでの説明が、「ど〜も、よくわからな〜い」という人は、学校や塾の先生にこの説明を見せて、「これがよくわからないのですが…」と、教えてくださるようお願いをしてみるといい。活字で読んでもわかりにくくても、口頭で言われるとよくわかることが多いものだ。

さ〜て、1 の説明が長引いてしまった。2 以下はできるだけ手早くやろう。

2 は比較級の文を最上級を用いて言い換える問題、つまり〈…er〉を〈the …est〉に言い換える問題だね。

(a) I have never been

＝私は(いままで)〜なことはなかった。

happier in my life.

＝私の人生のなかでもっと楽しい

まとめると、『私の人生のなかで(いままで)もっと楽しいことはなかった』、つまり『私の人生で、いまほど楽しいことはない』という意味だね。これをさらに言い換えると、『これまで生きてきて、いまが一番楽しい』となる。

(b) Now is (　　) (　　) time

＝いまは(　　) (　　) なときだ。

in my life ＝私の人生で

上の(　　) (　　) は『一番楽しい』という意味になるはずだね。『一番楽しい』は『楽しい』の最上級だ。つまり happy の最上級 the happiest だ。

解答 the, happiest

3 は〈not so A for B to C〉を言い換える問題だ。(a)は『転校先で友だちはすぐにできるよ』という意味だね。

It won't be so hard ＝それはそう難しくないだろう

教育評論家 正尾 佐の

高校受験指南書

Tasuku Masao

六拾四の巻

中2のための高校入試入門2【英語】

前号の早稲田特集に続いて、今号は慶應義塾の特集だ。それに合わせなければ、「早稲田贔屓《ひいき》に過ぎるよ！」って文句を言いたくなる人も多いだろうから、塾高こと慶應義塾高校を取りあげよう。ただし、前号は数学だったから、今号は英語だ。

慶應義塾高の英語入試問題はかなり難しい。英語は得意と思い込んでいる人でも、腕を拱《こまね》くかもしれないぞ。その覚悟をしてこの先を読み進めてくれ。

第1問は、例年、文の書き換え問題が出る。他の学校なら、たいてい最初は易しめの問題で、受験生徒のノーミソの回転準備をさせるのだが、慶應義塾高はいきなり難しめの問題から始まる。

第1問はこうだ（2月13日の入試で出された最新の問題を紹介したいのだが、この原稿の締切に間に合わないので、やむをえず昨年出題されたものにする）。

【1】次の各組の英文がほぼ同じ意味を表すように，各々の（　）内に適当な1語を入れなさい。

1．(a) I won't play an online game after 10 p.m.
　(b) I make (　) a (　) (　) to play an online game after 10 p.m.

2．(a) I have never been happier in my life.
　(b) Now is (　) (　) time in my life.

3．(a) It won't be so hard for you to make friends at the next school.
　(b) You won't have much (　) in (　) friends at the next school.

4．(a) I'm looking forward to your visit next week.
　(b) I can't (　) (　) your visit next week.

5．(a) He hurt her feelings with his words.
　(b) Her feelings (　) (　) by (　) he said.

6．(a) John met a girl through a friend of theirs. They finally got married.
　(b) A girl (　) to John by their friend finally became (　) (　).

7．(a) He told me that he would return the comic book the next day.
　(b) He said to me, "(　) (　) return the comic book (　)."

8．(a) Yokohama is my hometown.
　(b) Yokohama is the city (　) (　) I grew up.

9．(a) We didn't see anybody on our way home.
　(b) We (　) (　) on our way home.

10．(a) My mother is not as careful as my father.
　(b) My mother is (　) careful (　) my father.

では、解説を始めよう。1からだ。「いきなりムズい！」と思うだろうな。その通り、これは大学入試並みだね。make it a rule to do という決まり文句を知っていなければ答えられないだろう（ほとんどの中学生は知らないだろうから、こんなのは答えられなくていい、とワガハイは思うね。英語圏の地域で長年過ごした生徒を合格させるために出している

宇津城センセの受験よもやま話

受験生とともに歩む入試応援生活

宇津城 靖人先生

早稲田アカデミー　特化ブロック副ブロック長
兼 ExiV西日暮里校校長

1カ月半続く入試応援の日々

約1年近く、私小説めいたものが続いてしまったので、久しぶりに本来のコンセプトに戻してコラムを書いてみたいと思う。受験情報誌であるのだから、本来はもっと受験にまつわるお話をすべきであろう。私の思春期の思い出話など、読者のお目汚しにしかならないと反省した。

私がこの原稿を書いている今日現在が2月23日。この日は東京都立高校の試験日だった。今朝も、とある都立高校へ入試の応援に赴いて生徒の激励をしてきた。このような入試時期の保護者・生徒の状況などはさまざまな媒体で取りあげられることがあるが、「塾講師がいかなる生活を送っているのか」にクローズアップした報道を、私はあまり目にしたことがない。

そこで、今回は入試時期にどのように私が過ごしていたのかを詳《つまび》らかにお伝えしたいと思う。

入試は1月から始まる。東京都内の私立中高は入試解禁が2月からであるので、それ以外の近隣他県の入試からスタートとなるのである。受験する生徒がいれば、当然そこには応援に駆けつけなければならない。というか積極的に駆けつけたい。したがって、1月上旬から早朝入試応援生活がスタートする。

入試応援は朝が早い。生徒の集合時間よりも約1時間程度前に各中学高校に到着していないと、せっかく応援に行ったのに「受験生に会えない」という悲しい事態が起こってしまう。

各中学高校の受験生の集合時間は8〜8時半くらいが平均であるから、7〜7時半くらいには目当ての学校に到着していなければならないのである。場所にもよるが、自宅から各学校までの移動時間を逆算すると、大体6時くらいには家を出なければならないことが多く、ということは5時ごろには起床して動き始めないと遅刻ということになる。

1月上旬から、ほぼ毎日平均5時起床の生活が始まる。そして、これが約1カ月半程度続くのである。

入試の時期は、おもに受験を控えた生徒への対応に時間がかかる。というかむしろ時間をかけたい。試験が近い生徒に課題を出したり、質問への対応をしたりということが合否に大きく影響するからだ。入試間際の1月、2月はとくにその時間を大幅にとる必要が出てくる。私もできる限りこの時間を設けるようにしているが、それでも「もっと時間をかけたい」といつも思う。

一般的に塾講師というと、授業をするだけの仕事だと考えているかたも多いであろうが、通常の企業と同様に我々はサラリーマンであり、授業以外にもさまざまな業務がある。入試直前期は生徒の対応に時間を取られるぶん、そちらの通常業務が逼迫《ひっぱく》することとなる。生徒をすべて帰宅させてからの時間に業務を行わざるをえなくなってしまう。

そうするといつもよりもどうしても帰宅する時間が遅くなる。日によってばらつきはあるが、帰宅時間が深夜0時を過ぎてしまうのが常である。帰宅後に食事を摂り、入浴するとおおむね2時位になっている。そこから就寝して、起床時間は5時ごろ。つまりは1日3時間程度の睡眠時間ということになる。

そして、毎朝が自分との闘いとなる。「眠い」という根源的な欲求と、生徒の合格とを天秤にかけたら、当然生徒の合格が勝つに決まっている。決まっているのだが、それでも「眠い」ものは「眠い」。生徒の合格を考えることで、「眠りたい」という自分を無理矢理打ち倒して、のそのそと動き出す。早朝であるからまだ日は昇っておらず、真っ暗ななかで家を出る。すると今度は「寒い」。「眠い」と「寒い」のダブルパンチのなか、ふらふらと駅へと向かう。このときの私の背中にはきっと日本のサラリーマンの哀愁が漂っているに違いない。

闘いに赴く戦士への最後の激励

しかしながら、塾講師という生き物は入試会場に着くと、自然とテンションがあがるものらしい。さっきまで「眠い」だの「寒い」だのとネガティブな感情を持っていた人間が、一気にハイテンション&ポジティブモードへとシフトチェンジする。きっとアドレナリンやエンドルフィンなどが分泌されているのであろう。気合とテンションで「寒さ」はなくならないが、「眠さ」は吹き飛ばすことができる。しばらく待っていると、受験生たちが会場へとやってくる。

「おはようございます！」と大きな声で元気よくあいさつをする。すると受験生や保護者のかたもあいさつを返してくれる。これでさらに元気になる。自分の関連する受験生が通れば、握手をする。「頑張れよ！」「いつも通りにやろう！」「よく見直しをしよう！」「落ち着いて！」など、その子の表情を見て掛ける言葉を変える。入試直前のひと言が少しでも力になるようにである。

そしてそのときには、必ず相手の目を見る。背の低い小学生にはこちらがしゃがんで目線を下げて握手をする。それがこれから闘いに赴《おもむ》く戦士たちへの最低限の礼儀であるからだ。そうやって応援しているうちに時間が過ぎて、いつのまにか生徒集合時間になってしまう。

応援をしていると、さまざまな生徒の反応がある。いよいよ本番だという意識から、感極まって泣き出す生徒もたくさんいるし、余裕綽々《しゃくしゃく》でパンをほうばりながら入試会場に入る生徒もいる。

ただ、緊張で強張った面持ちでやってきた生徒たちが、握手をして話をすることで少しリラックスした表情へと変わってくれる。握手をしてもガチガチに固まったままの生徒には多めに声をかけ、丁寧にほぐしてから送り出すようにする。

これらの一連の動作は、すべて「生徒に実力通りのパフォーマンスをしてもらう」ために行うのである。入試の応援なんて気休めにしかならないと考える人もいるであろうが、私はそうは思わない。むしろ入試応援は生徒の合否に大きく関連していると思う。入試当日の朝、我々講師のひと言や、1つの動作のおかげで救われた、受かったという声が決して止むことがないからである。

このコラムのおかげか、今年もたくさんの受験生、保護者のかたに、「いつも読んでますよ！」とか、「あ、よもやま話の人だ！」とかありがたいお言葉をかけていただくことがあった。こちらを認知していただいている相手への激励は、見知らぬ人間から激励されるよりも少しは力になれることがあるのではないかと、私は考える。ゆえに私は可能な限り入試応援に行くことを自分の絶対のルールとしている。

早朝から会議や出張、その他の業務が入っていない限り、自分の校舎に受験する生徒がいる限りは、絶対に応援に行く。身体はボロボロになるが、それでも行く。それがここにコラムを書く人間として、守るべきルールであると考えるのである。

感動の合格報告

試験が終われば、当然ながら発表がある。入試時期は早朝に応援に行ったその足で校舎に行き、続々とくる合格発表の連絡を待つことが多い。

最近はネット上に合格発表をしてくれる学校も増えてきたが、未だに窓口での書類の手渡しや掲示による発表のみという学校もある。ネット発表がある学校は、私ども講師たち自身で合否を確認できることもあるが、掲示・手渡しの場合は本人ないしは保護者のかたからの連絡を待つ以外に、結果の知りようがない。

我々は各学校の合格発表の時間を押さえてあるので、その時間には電話の前で待機している。ハラハラドキドキしながら、電話が鳴るのを待つ。発表時間直後に電話が鳴ると、講師たちはこぞって受話器を取る。「おめでとうございます！」という職員の声が聞こえると、その場はフィーバー状態になる。

この、「合格しました！」という連絡を受けたときの感動と興奮は、ほかに表しようがないものなのである。あるときは私の鳥肌を立たせ、またあるときには私に涙を流させる。この感動があるから、どんなにつらくてもこの仕事が続けられる。ああ、やってよかったと思える瞬間である。この瞬間のために生きている気がする。

今年も数多くの生徒が合格を勝ち取ってくれた。本当にたくさんの勇気と感動をいただいた。人生の分かれ道の貴重な一瞬に関わらせていただけたことを心から感謝するとともに、来年もっともっと多くの生徒たちが合格を手にできるように、さらなる1年を駆け抜けていこうと思う。

WASE-ACA TEACHERS

国語

東大入試突破への現国の習慣

相手の要求に応えるには想像力が必要です。立場を入れ替えて考える訓練をしてみよう!

田中《たなか》 利周《としかね》先生

早稲田アカデミー教務企画顧問

東京大学文学部卒。東京大学大学院人文科学研究科修士課程修了。文教委員会委員。現国や日本史などの受験参考書の著作も多数。早稲田アカデミー「東大100名合格プロジェクト」メンバー。

グレーゾーンに照準！ 今月のオトナの言い回し「無礼講」

「身分や地位の上下を抜きにして楽しむ宴会」を意味する言葉です。中学生の皆さんが実際に使うことは皆無と言えるでしょう（笑）。それほどオトナ度の高い言葉であるのですが、「無礼」の意味はお分かりですよね。言うまでもなく「礼儀を欠くこと」という意味になるワケですが、「無礼者！ 名を名乗れ！」なんていう時代劇でのセリフを耳にしたこともあるのではないでしょうか。そして「講」とは、ここでは「ある目的のために集まった組織」を意味することになります。

ですから、「礼儀を欠く」＝失礼にあたることは承知の上で、懇親を目的として、集まった皆で楽しむ宴会、という意味になるのですね。中学校の同級生が集まって「懇親会」を開いたところで、決して「無礼講」とはならないということは、理屈の上からも理解できるでしょう。そもそも「身分や地位の上下」がありませんものね。

それではオトナはこの「無礼講」を、一体どのようなシーンで行うというのでしょうか？ ちょうど今の季節は送別会や歓迎会などがさかんに開催されるタイミングです。会社組織では人事異動が行われ、新人も入社してきます。会社内での様々な立場の人が一堂に会して、親睦を深めるために、宴会が開催されることになるのです。その際、会の主催者である立場の人から発せられる言葉が「今日は無礼講で！」になります。部署の主催なら部長が、会社の主催なら社長が、口にするフレーズなのですよ。

昭和の時代のサラリーマンが主人公のドラマでは、この「無礼講」を文字通り受けとめて、羽目を外しすぎて失敗！ というのがお決まりのパターンでした。酔っ払った勢いで上司のはげ頭にキスをするなんて、とんでもないシーンもよく？ ありましたよ。

さて、ではなぜこの会の主催者は「今日は無礼講で」などと言うのでしょうか？ 無礼講の意味は先ほども確認したとおり「身分や地位を無視して行う宴会」ということになります。つまり主催者はこう言っているワケです。「今日のこの会では、私を上司（社長や部長）だと思わなくても構いませんよ」と。ではさらに、なぜ上司の立場にある人が、このような「今日は自分を上司だと思うな」などという発言をするのでしょうか？

もちろん、会に参加している部下たちのことを思って「宴会の場が堅苦しいものにならないように」という配慮を見せているのだと考えられるでしょう。しかしながら、それだけではないのでは？という想像力を皆さんに働かせてもらいたいのです。そこには「上司の思惑」という、自分の都合が隠されているはずだ！と。

この「立場を入れ替えて考えてみる」というのは、思考の訓練として非常に役立ちます。皆さんの場合には、部下でもなければ、もちろん上司でもないのですが（笑）。この「ポジションの変更」というのは国語の読解においても有効な手法なのですよ。物語文の読解はもちろんのこと、論説文の読解においても、です。いわゆる視点を変えて眺めてみるというスタンスですね。思春期の主人公が思い悩むような物語では、その主人公の気持ちだけを追うのではなく、登場人物それぞれの立場で考えてみること。経済問題の論説文では、消費者の主張を理解するためにも、生産者の声に耳を傾けてみること。様々なシーンで、「相手の立場に立って考えてみる」ということが求められるのです。

では、さっそく「無礼講」を「上司の立場」に立って考えてみましょう。一体どのような「思惑」が隠されているのでしょうか？ 思考実験の開始です。「せっかくの機会だから、部下とも親しくなりたい」という考えはどうでしょうか。あると思います。ただし、「親しき仲にも礼儀あり」。「無礼講」と言っておきながら「礼儀」を求めるのは矛盾しているワケですが、これがオトナの流儀です。友達では決してないのですから。では、親しき仲にも、残される「礼儀」とは？こう考えてください。「上司に対する尊敬の念」は残しながらも、親しさを感じられる間柄が理想だと。最近はやりの言葉でいえば「リスペクト」を忘れてはいけないのです。「面倒くさい～」と言うなかれ。これが、オトナの人間関係なのです。このバランスを読み取ることこそが「読解力」そのものなのです。

他に「思惑」は思いつくでしょうか？「部下ともフランクに付き合える懐の深いところを見せたい」という考えはどうでしょうか。これもあると思います。ですから、無礼講だと言っているのに、上司に対する態度を普段と全く変えない、というのも問題があるのです。なぜならば、それは「上司の懐の深さを疑っている」と捉えられかねませんから。ですから、多少なりとも親しげにするほうがよいのです。でも、やりすぎは危険ですよね。上司から見て「少しだけど距離が近づいたな」と、うっすら（笑）感じられるくらいでよいのです。

いかがでしょうか。相手のニーズを読み取り、そのニーズに応えるというのは、人間関係を良好に保つための基本なのです。中学生である皆さんにも当てはまるのは、部活などでみられる「先輩・後輩」の関係性ですよね。これも同じことなのですよ。相手の要求に応えるには想像力が必要です。トレーニングだと思って、先輩の「無礼講」に付き合ってあげてはいかがですか？

慇・懃・無・礼?! 今月のオトナの四字熟語「丁々発止」

「ちょうちょうはっし」と読みます。「お互いに負けじと、激しく議論を戦わせること」のたとえとして使われる言葉になります。「丁々」は物を続けて打ち合わせる音の形容。「発止」は堅い物同士が打ち当たる音の形容。すなわちどちらも「擬音」だということになります。犬の鳴き声が「わんわん」で、猫の鳴き声が「にゃんにゃん」。これも「擬音」。子どもの笑顔が「にこにこ」で、オヤジのハゲ頭が「つるつる」。これも「擬音」になりますよ。「わんわん」と「にこにこ」の違いは？ 実際に音がするのが「わんわん」で、音はしないが、それらしい様子を表しているのが「にこにこ」ですね。笑っている子どもから「ニコニコニコ」と聞こえてきたら…不気味ですよね。音がする方が「擬声語」。音がしないのが「擬態語」。たまに出題される「擬音」の区別になります。文法的にはいずれも副詞に相当しますからね。ワンポイント文法講座でした。

閑話休題。「丁々発止」です。「丁々発止で、自分もしっかり発言できる。一度やってみたかった」と党首討論に意欲を示していたのは、現在の日本国首相である野田総理です。イギリス議会での「クエスチョンタイム」をモデルにして、日本でも国会で行われるようになりました。しかしながら、その当の国会が…言論の府であるはずが、このところ口論の府になり下がってはいないでしょうか？実のある議論は少なく、ののしりの声ばかりが大きい。考えずに口に出してしまうことは慎まなくてはなりません。それをすると「口論」になるのです。「言論」とは、「言語や文章によって思想を発表して論ずること」です。根底に「思想」がなければ、「口論」になってしまうのです。

思想を形成するには、読む習慣と能力が必要です。それは考える習慣と能力に比例します。本当の意味での「丁々発止」がこの国で繰り広げられるように！「読む習慣」「考える習慣」を意識していきましょう！ 自戒を込めてですが（笑）。

Aから時計回りに、それぞれ円周上の点の上を動くものとする。このとき、次の問いに答えなさい。（日本大学第三）

(1)　2点P、Qが重なる確率を求めなさい。

(2)　△APQが正三角形になる確率を求めなさい。

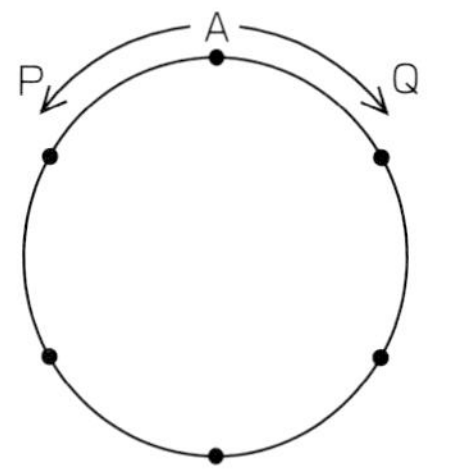

＜解き方＞

(1)　2点P、Qが重なるのは、Pの動いた距離とQの動いた距離の和が円1周分または2周分に当たるときで、それは大小2つのさいころの出た目の和が6または12のときです。右の表より6通りあるので、$\frac{6}{36}=\frac{1}{6}$

大	1	2	3	4	5	6
小	5	4	3	2	1	6

(2)　右図のように円周上の各点をB～Fとします。△APQが正三角形になるのは、PがC、QがEの位置に来る（大、小とも2の目が出る）ときと、PがE、QがCの位置に来る(大､小とも4の目が出る)ときだけです。よって、$\frac{2}{36}=\frac{1}{18}$

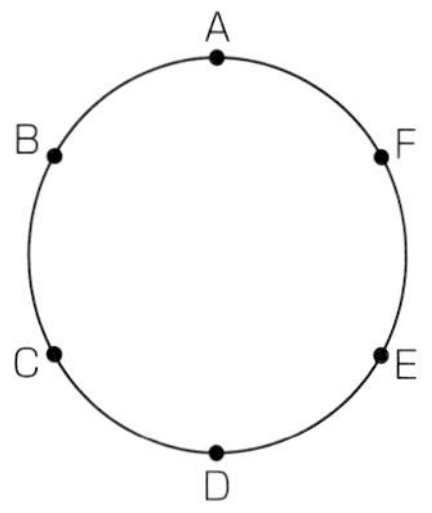

3問目は「封筒入れ違い問題」と呼ばれるもので、条件に当てはまる場合を、樹形図を書いて調べるのが基本になります。

問題3

あて先を書いた4枚の封筒と、それぞれのあて先に向けた、内容の異なる4通の手紙がある。いま4通の手紙をいずれかの封筒に1通ずつ入れるとき、次の確率を求めよ。（同志社）

(1)　1通の手紙だけが正しいあて先の封筒に入る確率

(2)　4通とも間違ったあて先の封筒に入る確率

＜解き方＞

あて先を書いた4枚の封筒をA、B、C、D、それぞれのあて先に向けた、内容の異なる4通の手紙をa、b、c、dとすると、封筒Aにはa～dの4通りの入れ方があります。そして、その各々に対して封筒Bには残りの手紙3通分、3通りの入れ方があり、さらに、封筒Cにはその残りの2通り、封筒Dには最後に残った1通りの入れ方があります。ですから、4枚の封筒A～Dに対する入れ方の総数は、4×3×2×1=24通りあることになります。

(1)　手紙aだけが封筒Aに正しく入る場合は、右のような2通りしかありません。手紙b～dについても、正しく入る場合は同様に2通りずつありますから、1通の手紙だけが正しいあて先の封筒に入る場合の数の総数は、2×4=8通りになります。よって、その確率は$\frac{8}{24}=\frac{1}{3}$

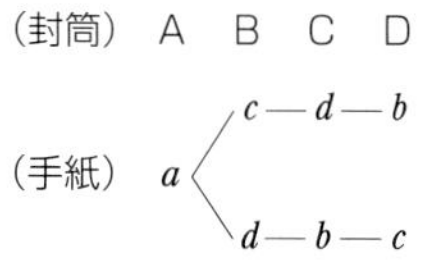

(2)　封筒Aに手紙bが間違えて入る場合は、右のような3通りがあります。封筒Aに手紙c、dが間違えて入る場合も同様に3通りずつありますから、4通とも間違ったあて先の封筒に入る場合の数の総数は、3×3=9通りになります。よって、その確率は$\frac{9}{24}=\frac{3}{8}$

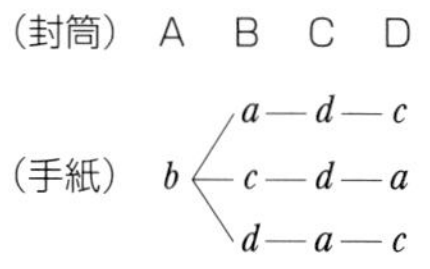

次は、袋（箱）から色玉を取り出す問題です。ここで大切なことは、見分けのつかない同じ色の玉であっても、確率の計算では解法のように区別できるものとして計算しなくてはいけないということです。

問題4

袋の中に、赤玉3個、白玉2個、青玉1個が入っている。この袋の中から玉を1個取り出し、これをもどさずに玉をもう1個取り出すとき、取り出した2個の玉の色が異なる確率を求めなさい。（群馬）

＜考え方＞

ここでは､｢取り出した2個の玉の色が異なる｣ではない、つまり、「取り出した2個の玉の色が同じ」である場合を数える方が簡単です。

＜解き方＞

3個の赤玉をR1、R2、R3、2個の白玉をW1、W2、青玉をBとします。この6個のなかから2個を取り出す場合の取り出し方の総数は、6×5=30通りあります。このうち、取り出した2個の玉の色が同じであるのは、(ア)赤→赤の場合が3×2=6通り、(イ)白→白の場合が2×1=2通りの合計8通りです。

よって、取り出した2個の玉の色が異なる確率は、$1-\frac{8}{30}=\frac{11}{15}$と求めることができます。

一般に、ことがらAの起こる確率をpとすると、「Aの起こらない確率」=$1-p$が成り立ちます。

また､ことがらAに対して､Aの起こらないという事象(現象）を、事象Aの余事象といい、確率の計算では、上の問題のように余事象を考えた方が簡単な場合がしばしばあります。

確率の問題では、このように、より手数がかからず、間違えにくい方法をとるべきときが少なからずありますから、いろいろなタイプの問題に挑戦して、そのコツをつかむようにしていくことが大切です。

WASE-ACA TEACHERS

数学

楽しみmath
数学！DX

基礎から応用まで
さまざまな確率の問題

登木 隆司先生

早稲田アカデミー　城北ブロック ブロック長
兼 池袋校校長

今月は中２の後半で学習する確率を見ていきたいと思います。

中学生の確率では、樹形図や表を利用してすべての場合を調べあげるのが基本ですが、樹形図の「枝別れの仕方」が一定であれば、その規則を利用して総数を計算で求めることができます。とくに、さいころを３つ以上投げる場合や、６枚以上のカードから２枚、またはそれ以上の枚数のカードを引く場合など、事象の数が多くなるケースでは、ある程度結果を予測しないと、書きあげるのが大変ですし、ミスを起こす可能性も高くなります。

また、樹形図や表を書くときには、数の小さい順やABC順など、書きあげる順番のルールを決めて、それに基づいて忠実に書いていくことが、漏れや重複を防ぐうえでとても大切です。

それでは、まず、出題されることが多いさいころの問題から見ていきましょう。

問題１

１から６までの目の出る大小１つずつのさいころを同時に１回投げるとき、次の確率を求めよ。ただし、大小２つのさいころはともに、１から６までのどの目が出ることも同様に確からしいものとする。

(1)　出る目の数の積が4の倍数になる確率（都立・武蔵）

(2)　出る目の数の和が60の約数になる確率（都立・富士）

＜考え方＞

２つのさいころを投げる場合、目の出方の総数は６×６＝36通り。条件に当てはまる場合の数は、表を用いて調べていくのが確実でしょう。

＜解き方＞

(1)　下の表から15通りあるので、$\frac{15}{36}=\frac{5}{12}$

大	1	2			3	4						5	6		
小	4	2	4	6	4	1	2	3	4	5	6	4	2	4	6

(2)　出る目の数の和は２以上12以下で、60の約数のうちこの範囲に当てはまるのは、2、3、4、5、6、10、12です。(1) と同様に表を用いて調べると、下のように19通りあるので、$\frac{19}{36}$

大	1					2				3			4			5		6	
小	1	2	3	4	5	1	2	3	4	1	2	3	1	2	6	1	5	4	6

続いて、さいころの出た目の数だけ点を移動させる問題です。この種の問題は、次のように図形との複合問題となる場合も多いようです。

問題１

右図のように、円周上に等間隔に６つの点があり、そのうちの１つをAとする。大小２つのさいころを投げ、点Pは大きいさいころの出た目の数だけAから反時計回りに、点Qは小さいさいころの出た目の数だけ

WASE-ACA TEACHERS

英語

ニュースな言葉

elderly people

川村 宏一先生

早稲田アカデミー　教務部中学課　上席専門職

長寿国日本では急速に高齢者の割合が増えています。ニュース用語で使われる「高齢者」は、英語で“old people”とは言わずに“elderly people”と言います。“old”も「古い、年のとった」という意味で間違いではないのですが、“elderly”は“old”よりも敬意のこもった言い方で、少し硬い表現になります。では、次の英文で、日本の高齢者がどんなことを望んでいるのか、見てみましょう。

A survey shows that many elderly people want to continue working after retirement.

さて、今回の英文には２つの重要な英文法が隠れています。注意しながら訳してみましょう。

まず文頭で、“A survey shows that（ある調査は表しています）”と言い、“that”以下がその調査の内容、つまり“show”が示す中身になっています。“many elderly people want（多くの高齢者は要求している）”ということですが、一体なにを要求しているのでしょうか。それが今回のポイントになっている、“to continue”です。「to＋動詞の原型」の形を「to不定詞」と呼びますが、その働きによって3つの用法に分けられます。今回の英文のto不定詞は名詞と同じような働きをしており、「名詞的用法」と言って、「～すること」というように訳せます。したがって、“to continue”は“続けること”となります。なにを続けたいかというと、“working after retirement.（定年後働くこと）”です。さて、ここでもう１つのポイントです。“働くこと”と訳した“working”のような「動詞の原型＋ing」の語句を「動名詞」と言います。動名詞は、名詞的用法のto不定詞と同じように、動詞と名詞の機能を兼ねています。ここでは、“continue（続ける）”の目的語（O）となっているので、“continue working”は“働くことを続ける”と訳せます。“A survey shows that（ある調査は示しています）／many elderly people want to continue working（多くの高齢者は働き続けたい）／after retirement.（定年後も）”「ある調査によれば、高齢者の多くが定年後も働き続けることを望んでいる」と訳すときれいですね。

something extra

「高齢者」の丁寧な表現を“elderly people”と紹介しましたが、ほかに“aged person”という言い方もあります。“age”は名詞だと「年、年齢」、動詞は「年をとる、古くなる」という意味です。テレビの健康番組でよく耳にする“anti-aging（アンチエイジング）”とは“aging（年を取ること）”に“anti（反対の）”がついた１つの名詞で、「加齢、老化に抵抗する」という意味です。最近は女の人だけでなく、男の人でも興味や関心が高い話題ですね。

基本の確認

to不定詞には３つの用法がありますが、「名詞的用法」以外の２つの用法も覚えましょう。

●名詞を修飾する「形容詞的用法」

例）I have a lot of books to read.「ぼくは読む（ための）本をたくさん持っています。」

●動詞や形容詞または副詞を修飾する「副詞的用法」

例）This bridge is dangerous to cross.「この橋は渡るには危険だ。」

to不定詞が働きかける品詞の正体がわかれば、３つの分類のマスターは完璧！

Success18

春夏秋冬 四季めぐり

早稲田アカデミー高校部 Success18 その1年間を 季節の変化とともに 追いかけます。

久津輪 直先生

早稲田アカデミー
サクセスブロック副ブロック長
兼 Success18渋谷校校長

開成・早慶附属高校合格者を多数輩出してきた早稲田アカデミー中学部が誇る、傑出した英語教師。綿密な学習計画立案と学習指導、他科目講師とチームとなって連携指導する卓越した統率力を、高校部門Success18校長として着任後も遺憾なく発揮。2011年春の入試では、渋谷１校舎約130名の高３生から、東大22名、早慶上智大97名合格という歴史的快挙を達成。週末は、現役の開成必勝担当者として、その辣腕をふるっている。

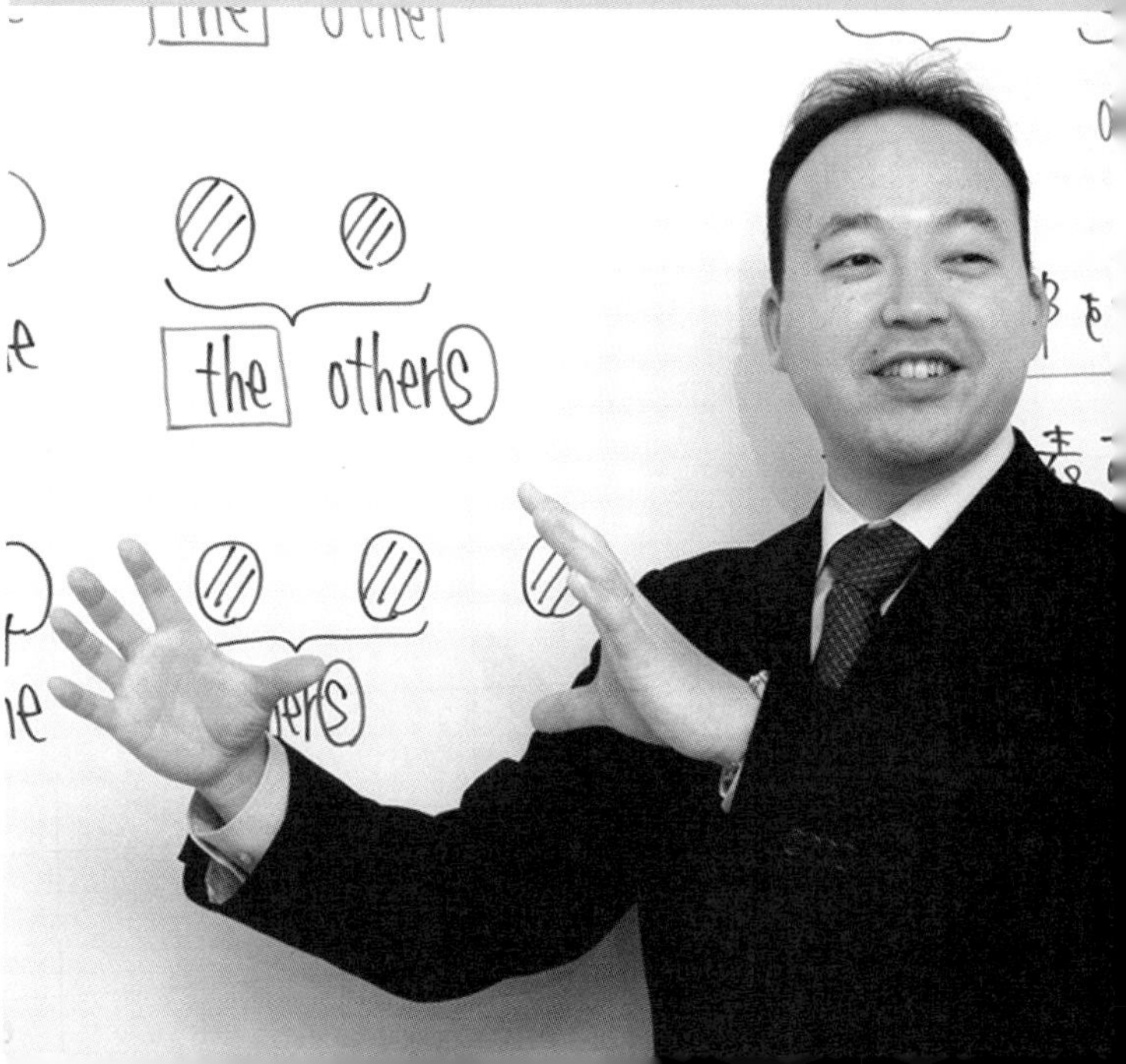

それぞれが芽吹く春を迎えるために

今回お伝えするのは、12月から2月までの冬の季節。厳しい寒さを迎える季節ですが、受験生にとっては本番を迎える熱いとき。また、高校1・2年生にとっても次年度以降を充実したものにするための、大切な準備期間となります。

今回の稿では、最新の大学受験事情を重点的に紹介していきます。

高3　受験本番到来
入試システムとサクセス直前期バックアップ

大学受験の特色は、ひと言でいえば、「多様性」です。

入試実施期間が短く、また、負担する科目数も少ない中学・高校入試とは異なり、大学入試では、筆記による一般試験のほかに、実技をみたり、論文を執筆したり、面接を実施したり、あるいは、実際の大学の講義を体験したうえで、その受講時のノートを提出させたりと、多種多様な入試形式が存在し、また、その実施期間は、1月から3月をピークとした長丁場となります。

入試形式を大別すれば、1つが、学科試験による選抜を行う一般入試、もう1つが、推薦入試となります。

このうち、推薦入試の特徴は、長期間に渡り、学科試験とは異なり論文や面接、志望理由書などによって出願者の個性や志向を多面的に評価することであると言えます。1990年（平成2年）に、慶應義塾大学総合政策学部・環境情報学部が開始し、その後、全国の大学でも展開していきました。選抜にあたっては、入学管理局（Admissions Office）がこれを主導することが多く、この頭文字をとって、AO入試と言われることも多くなっています。

一方で、推薦入試による入学者のその後の学力低迷などの課題を受け、いま再び、推薦入試から一般入試への回帰という現象もみられています。例えば早稲田大学教育学部は自己推薦の定員を120名から50名に削減しましたし、政治経済学部では、推薦入試にあたってTOEFLのスコア提出を義務付けました。推薦入試での大学受験を検討することは否定しませんが、現状の変化から判断すると、一般入試での受験の方が大学入学後の学力にも直結する学習ができ、また、試験の得点のみで合否判断がされるという明瞭性もありますから、まずは一般入試での大学合格をめざすべきだと思われます。

一般入試は、筆記試験による選抜方式で、大別すると、大学入試センター試験と、大学別の個別試験となります。ご存知のとおり、国公立大学では、大学入試センター試験を1次試験とし、個別試験を2次試験として扱うのが一般的です。私立大学では、大学別の個別試験による選抜が最も

一般的ですが、センター試験を導入したり、あるいは、医学部・看護学部などでは、人間的資質を見極めるために、個別試験のなかに筆記と面接を導入しているところもあります。

大学入試センター試験は、ニュース報道などでもあったように、山積する課題を前に、今後抜本的な組織改変や制度改革を実施する可能性もありますが、現時点では、国内最大規模の学力測定試験の1つとして、位置付けられています。

２０１２年1月に実施されたセンター試験は、約55万人の志願者がいました。この5年間は、大体54万人から55万人で推移しており、このうち過年度生（いわゆる浪人生）が大体10万人前後。4対1と覚えておけばいいと思います。ちなみに、現在の日本の18歳人口は約１２０万人で、4年制大学進学数が約60万人います。ざっくりと乱暴に整理してしまえば、日本の18歳の大体2人に1人が、センター試験を受験していることになります。

なお、東京大学の定員数が、約３０００名ですので、浪人生を除外した18歳人口で計算すれば、１２０万人のうち０・２５%が東大生。これは、４００人に1人が東大生という計算です。ところで、夏の甲子園に出場するチームは47都道府県49校です。スターティングメンバーが9名、ベンチに控えるメンバーも9名で、これが49校分で８８２名。こちらも18歳人口で計算すれば、１３６０人に1人が甲子園出場者という計算です。かつてある私立高校の校長先生とお話しする機会があったのですが、その際に、私学経営の要の1つとして、「東大か甲子園か」という言葉があるのだとおっしゃっていました。東大も甲子園も、数字でみるとおそるべき難関だとわかりますね。

さて、大学入試センター試験を終えると、国公立大学志願者は、試験翌日に早速自己採点を行い、得点率を計算します。これは、彼らの受験する首都圏の難関国公立大学のほとんどで、センター試験の結果のみで選抜を行う「第1次段階選抜」が存在し、それに備えるためです。

Ｓｕｃｃｅｓｓ18の最上位層が狙う国公立大学は、ほとんどが東大、一橋大、その他国公立大医学部となっており、これらはみな、首都圏に所在して人気があること、医学部のように定員数が少ないこともあり、志願者数が定員に対して大幅に超過することがほとんどです。大学によって、また、その年度のセンター試験の平均点によっても変動がありますが、上記大学は、おおむね80%以上の得点が、第1次段階選抜を切り抜けるラインだと言われています。

センター試験の自己採点結果は、3大予備校などによって即座に集計され、各大学各学部別の志願者数、志願者平均点、第1次段階選抜実施予想点などが算出されます（これを「センターリサーチ」と言います）。これに基づいて、2月冒頭あたりまでで国公立大学の出願を行います。

Ｓｕｃｃｅｓｓ18でも、総力を結集し、センターリサーチの妥当性を検証し、綿密な受験校指導を実施しています。私たちスタッフが、1年間の受験指導のなかで、最も神経を尖らせる重要な期間です。

国公立大学は、出願から約1月後の2月25日前後に試験が実施されます。そこまでの大きな流れとしては、1月の後半が私大医学部・薬学部、2月の前半がＧ－ＭＡＲＣＨ（学習院・明治・青山学院・立教・中央・法政）と上智、2月中盤が慶應・早稲田、という入試日程になります。私立大学の合格発表は、1週間から10日間かかり、即日や翌日発表のことが多い中学校・高校入試とは異なります。

日程が合い、また、体力・気力が許す範囲において、私立大学はいくつでも受験することができます。全国平均では、4校程度と言われていますが、首都圏在住のＳｕｃｃｅｓｓ18の生徒たちは、地方からの受験生に比べて、交通費や滞在費がかからず、自宅からの受験ですから、体調面・精神面でもエネルギーを持続させやすいため、7～8校を受験することが多いようです。Ｓｕｃｃｅｓｓ18では、授業以外でも過去問の採点・添削、模擬面接などの形で、直前までフォローを続けていきます。

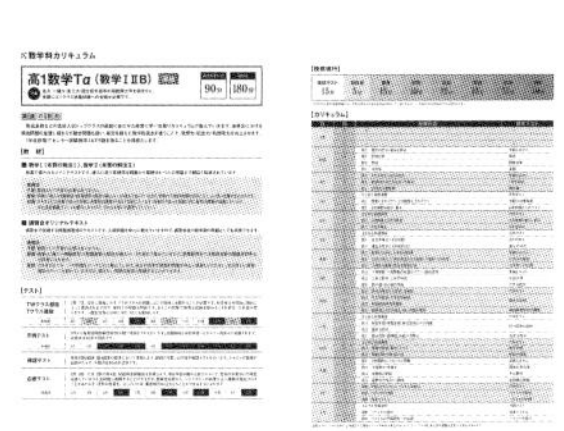

国公立大学前期日程の発表は、3月5日から10日にかけてです。すべては、この瞬間の笑顔のために。3年間の学習の集大成が、みごとに結実してくれること。この喜びを共有していくために、私たちＳｕｃｃｅｓｓ 18は、これまでも、そして、これからも、不《ふ》撓《とう》不《ふ》屈《くつ》の努力を続けてゆきます。

サクセス名物講師紹介

サクセス18を代表する各科教師を紹介します。

伊藤 誠先生

数学科

早稲田アカデミー大学受験部門Ｓｕｃｃｅｓｓ18統括責任者。東大在学中より受験指導に携わり、２００１年4月より大学受験部Ｓｕｃｃｅｓｓ18を統括。創設10年にして、東大を約１００名、早慶上智大を約４５０名も常勝させる生徒集団とスタッフ組織を確立。伊藤先生なくしていまのＳｕｃｃｅｓｓ18はなく、先を見据えた高遠な組織形成理念と、一切の妥協を許さない厳格を極める現場主義に基づいて、つねに最前線に立つ渾身の歩みを続けている。統括責任者として多忙な日々を過ごすが、いつも胸にあるのは生徒への深き思い。週末の東大必勝講座で最上位層を惹きつけてやまない講義を展開すると同時に、平常時は高校1年生の数学基礎クラスも担当。数学を苦手とする生徒の目線から、ゆっくり確実に成績を高め、見守ってゆくあたたかい眼差しは、統括責任者となったいまも、いささかも変わることがない。

教えて！マナビー先生

プロフィール

日本の某大学院を卒業後海外で研究者として働いていたが、和食が恋しくなり帰国。しかし科学に関する本を読んでいると食事をすることすら忘れてしまうという、自他ともに認める“科学オタク”。

世界の先端技術

スーパーカミオカンデ

いま改めて注目される ニュートリノ検出装置

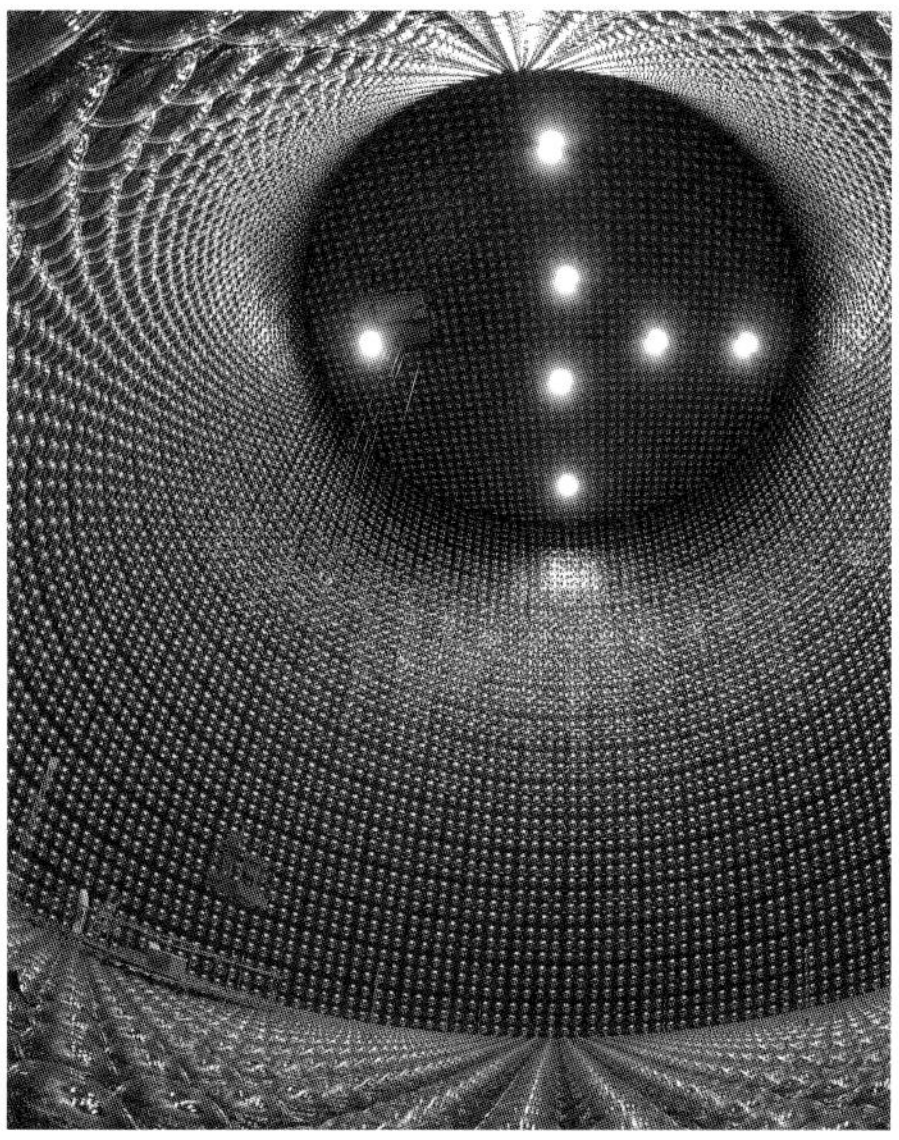

スーパーカミオカンデのなかには１万1000本の光電子倍増管が設置されている（写真提供／東京大学宇宙線研究所 神岡宇宙素粒子研究施設）

岐阜県飛騨市神岡町の地下1000mの場所に５万トンの純水タンクが設置されている。そのなかでは１万1000本の光電子倍増管が静かに宇宙からの電子線を検出しようと待ちかまえている。小柴昌俊・東京大学名誉教授がノーベル賞を受賞する元となったカミオカンデの性能を大幅に改善した施設、スーパーカミオカンデだ。

スーパーカミオカンデの研究目的の１つが、宇宙からのニュートリノの観測だ。ニュートリノは透過力が強く地下1000mまで到達することができる。そのため他の宇宙線の影響を少なくして観測することができるわけだ。鉱山の地下深くに設置されているのはそれが理由。前身のカミオカンデの観測では超新星爆発で放出される大量のニュートリノを初めて確認し、超新星爆発を起源とするニュートリノ探索という新しい天文学が始まった。

いま、そのスーパーカミオカンデが改めて注目を集めている。

冬の星座として君たちもよく知っているオリオン座の１等星「ベテルギウス」はオリオン座のなかでもひときわめだつ赤い星だ。太陽の20倍もの質量を持つため明るく輝き、寿命も短い。すでに寿命の最終期となっていて大きく膨張し、赤色超巨星と呼ばれる状態になっている。科学者の研究によると、いつ爆発しても不思議でない状態だというのだ。爆発すると超新星と言われる昼でも見えるように輝く星になる。超新星爆発自体は銀河では50年に１回ほど観測されるけれど、ペテルギウスは地球に割と近い天体ということもあり、世界中の研究者がその爆発の兆候をとらえようと注目しているのだ。

スーパーカミオカンデでも日々、観測を続けている。スーパーカミオカンデでニュートリノを検出すると、アメリカにある超新星早期警報システム（SNEWS: Super Nova Early Warning System）に情報が伝えられる。超新星爆発の真の兆候だと確認されると、世界中の天文研究施設に連絡が送られ観測が始まることになっている。世界の研究者がつながっているんだね。

星の寿命のことだから、明日かもしれないし、何100年も先のことかもしれないけれど、次にオリオン座を見たらベテルギウスを探してみよう。いまのオリオン座の状態を見る最後になるかもしれないよ。これからもスーパーカミオカンデの研究に注目したいね。

ミステリーハンターQの 歴男歴女養成講座

山本 勇

中学３年生。幼稚園のころにテレビの大河ドラマを見て、歴史にはまる。将来は大河ドラマに出たいと思っている。あこがれは織田信長。最近のマイブームは仏像鑑賞。好きな芸能人はみうらじゅん。

ミステリーハンターQ（略してMQ）

米テキサス州出身。某有名エジプト学者の弟子。1980年代より気鋭の考古学者として注目されつつあるが本名はだれも知らない。日本の歴史について探る画期的な著書『歴史を掘る』の発刊準備を進めている。

春日 静

中学１年生。カバンのなかにはつねに、読みかけの歴史小説が入っている根っからの歴女。あこがれは坂本龍馬。特技は年号の暗記のための語呂合わせを作ること。好きな芸能人は福山雅治。

日中国交回復

１９７２年の日中国交回復から、今年で40年が経つ。日本・中国・台湾・アメリカ…当時の国際情勢を確認してみよう。

勇 今年は日中国交回復から40周年なんだってね。

MQ １９７２年９月、当時の日本の田中角栄首相と中国の周恩来《しゅうおんらい》首相が北京で日中共同声明に調印したことで、国交が回復したんだ。

静 それまでは国交がなかったの？

MQ １９４５年に日本が戦争で負けたとき、中国では蒋介石《しょうかいせき》率いる国民党と毛沢東《もうたくとう》率いる共産党が主導権争いをしていて、それぞれの軍隊は戦闘状態に入ってしまった。

勇 国共内戦っていうんでしょ。

MQ うん。その結果、毛沢東の共産軍は蒋介石の国民党軍を台湾に追い落とし、１９４９年10月に中華人民共和国の建国を宣言したんだ。

しかし、アメリカや西ヨーロッパ、日本などの自由主義諸国は、台湾に逃れた中華民国政府を中国の代表として、国交を結んでいたんだ。

静 それがどうして中華人民共和国と国交を結ぶことになったの？

MQ １９７１年７月にアメリカの国務長官だったヘンリー・キッシンジャーが中国を秘密裏に訪問、１９７２年２月にニクソン大統領が訪中して、事実上、国交を結んでしまった。

当時、日本ではニクソンショックと呼ばれたよ。このため、日本も国交を結ぶことになったんだね。

勇 中国が大国化してきたってこと？

MQ そうだね。中国が中国大陸の実質的な主権者であったことと、１９６０年代に入り、中国が核兵器を所有したことが大きかったかもしれないね。アメリカは中国と国交を結んで直接交渉を行うことが必要だと感じたんだ。日本もそれにならったということだね。

１９７８年には福田赳夫内閣のもとで、日中平和友好条約が結ばれている。

静 台湾の中華民国はどうなったの？

MQ 国連が中国の国連加盟を認めたことで、台湾は国連を脱退。それまで台湾が務めていた常任理事国も中国が務めることになった。

日本も中国と国交を結んだことで、台湾とは国交が断絶してしまったんだ。

勇 でも、台湾とはいまでも交流があるよ。

MQ そうだね。台湾は世界でも有数の親日国だし、日台双方に交流協会があって、正式な国交はないけど、それに代わる役割を果たしているんだ。友好関係は続いているね。

みんなの数学広場

問題編

答えは次のページ

TEXT BY かずはじめ

数学を子どもたちに、楽しく、わかりやすく、使ってもらえるように日夜研究している。好きな言葉は、"笑う門には福来る"。

初級～上級までの各問題に生徒たちが答えています。
どの生徒が正しい答えを言っているか当ててみよう。
もちろん、当てずっぽうじゃなく、実際に問題を解いてみてね。

上級

AB＝AC＝1㎝の直角二等辺三角形の三角定規が1枚あります。
これを直線 l 上をすべらずに頂点で回転することで移動します。

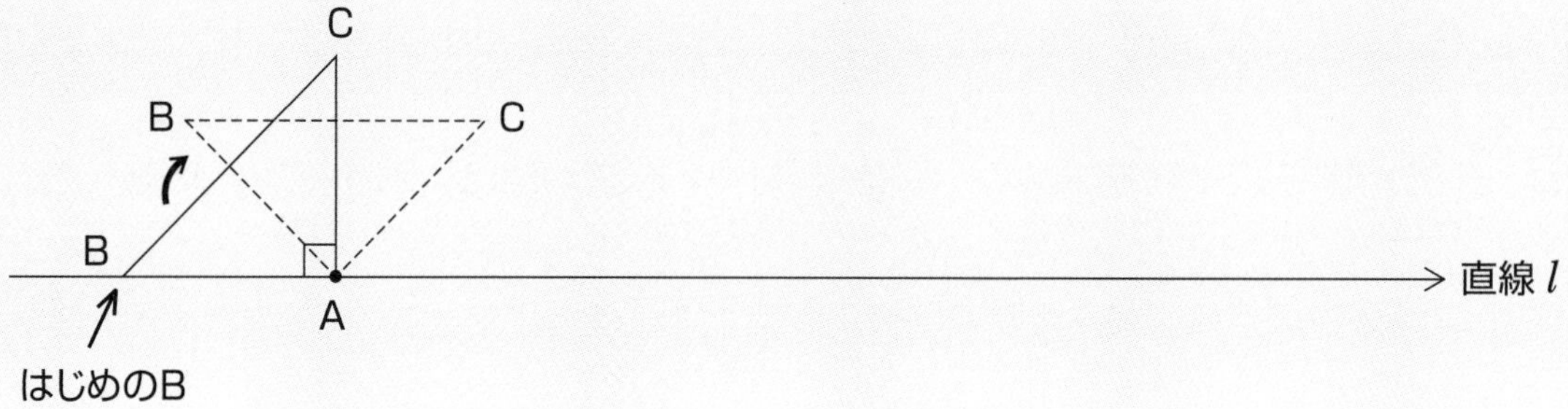

点Bが再び直線 l 上に来るまでにBが描く曲線と l で囲まれる面積はいくつでしょうか。
（円周率3.141592…＝πとします）

中級

今年、2012年は閏《うるう》年です。それも1月1日は日曜日でした。

さて、2012年の日曜日の回数は2012年の水曜日の回数より多いですか?少ないですか?

A
1月1日が日曜日なので
はじめに日曜日がくると
水曜日の回数より
少ないと思う。
答え
少ない

B
暦に不公平なんかない。
だから回数は同じ。
答え
同じ

C
日曜日は水曜日より先に
くるから、日曜日の方が
多くなるよ。
答え
多い

初級

1から10までを全部足すと「55」になります。
これは小学生のころ、友だち同士で言いあったことがあると思います。
ちなみに1から100まで足すと「5050」です。
さて、このように$1+2+3+\cdots+10=55$

$1+2+3+\cdots+100=5050$

は暗算で出すことができます。

$$1+2+3+\cdots+10=\frac{(1+10)\times 10}{2}=55$$

$$1+2+3+\cdots+100=\frac{(1+100)\times 100}{2}=5050$$

$$1+2+3+\cdots+\text{☆}=\frac{(1+\text{☆})\times\text{☆}}{2}$$ となります。

さて、この計算の仕方は別名でなんと言われていますか?

A
☆のマークにちなんで
います。
答え
星数

B
☆が五角形で
できているからです。
答え
五角数

C
三角形からできるので
三角数です。
答え
三角数

みんなの数学広場

解答編

上級

正解は　答え **A**

まず実際に動かしてみましょう。

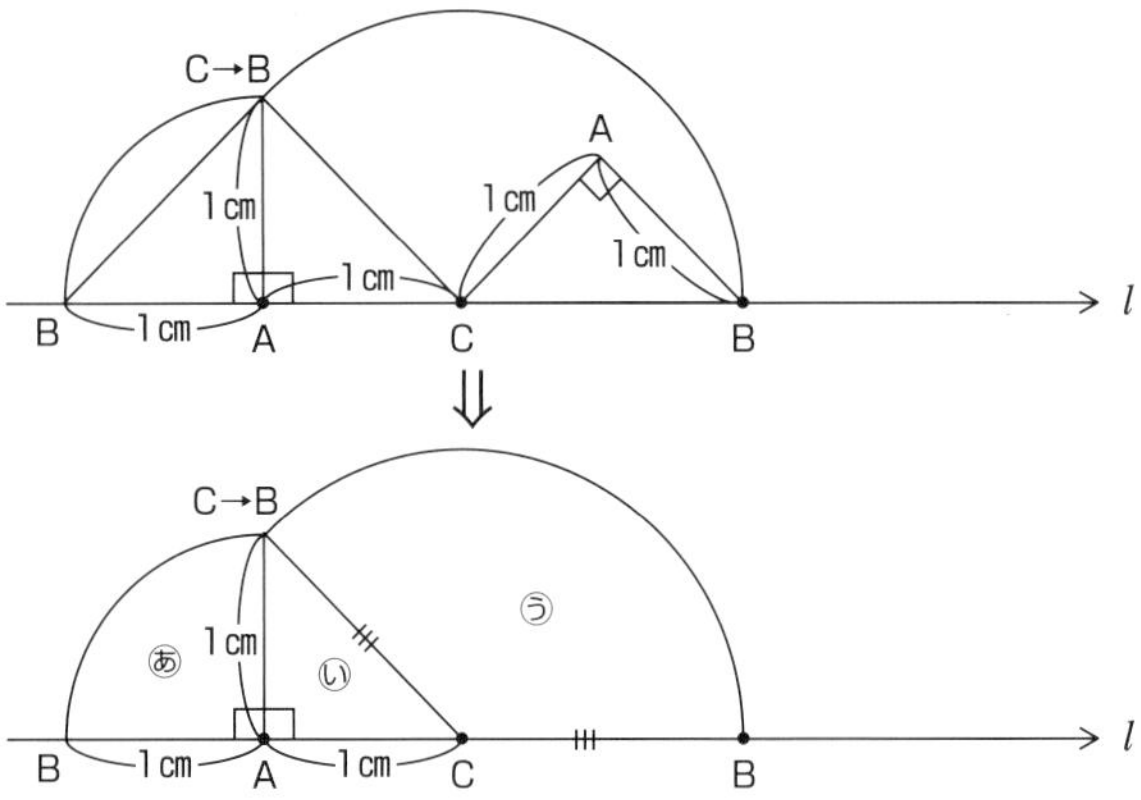

㋐の面積は半径1㎝中心角90°の扇形だから

$$1\times1\times\pi\times\frac{90^\circ}{360^\circ}=\frac{1}{4}\pi(\text{cm}^2)$$

㋑の面積は、直角二等辺三角形だから

$$\frac{1\times1}{2}=\frac{1}{2}(\text{cm}^2)$$

㋒の面積は半径…中心角135°の扇形です。

これは次のように

△ABCのBCを半径

とする扇形です。

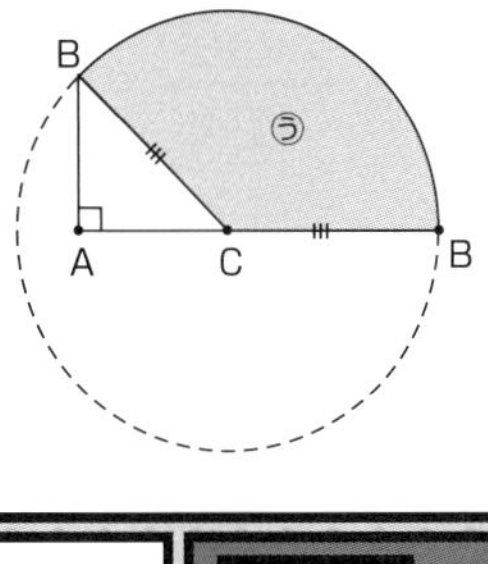

さて、一般にたこ形(対角線が直交する四角形)

の面積は

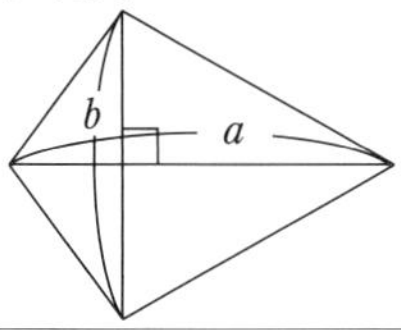

$\frac{a\times b}{2}$ です。

これを使うと…△ABCを2枚使って

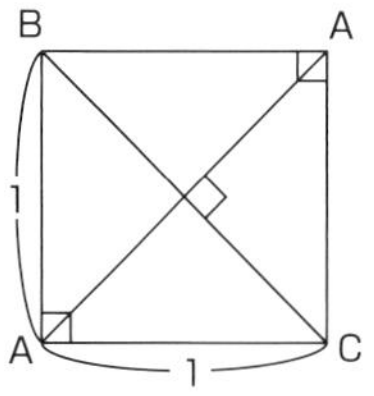

この正方形の面積を

2通りで表すと

$$\underbrace{1\times1}_{\text{正方形}}=\underbrace{BC\times BC\times\frac{1}{2}}_{}$$

（BC×BC ＝ AA、たこ形）

つまりBC×BC=2なのです。

すると　㋒の面積は

$$BC\times BC\times\pi\times\frac{135^\circ}{360^\circ}$$

$$=2\times\pi\times\frac{3}{8}=\frac{3}{4}\pi(\text{cm}^2)$$

$$㋐+㋑+㋒=\frac{1}{4}\pi+\frac{1}{2}+\frac{3}{4}\pi$$

$$=\pi+\frac{1}{2}(\text{cm}^2)\text{です。}$$

中級

正解は 答え C

実際にカレンダーを見て数えてもよいのですが、今年は閏年ですから366日あります。
366日を1週間の7日で割ると
366÷7=52…2ですから
52週と2日余ります。

1週間に1度は必ず日曜日が来ますから52回日曜日があります。
さて、余りの2日は、今年のスタート1月1日は日曜日でしたから、最後の2日は日曜と月曜になります。
なので、日曜は53回、水曜は52回とわかります。

その根拠はなんだろう?

暦に不公平なんかありませんよ。
閏年で調整するのです。

初級

正解は 答え C

例えば
1+2+3+4+5=15ですが
下のように三角形状のように考えると

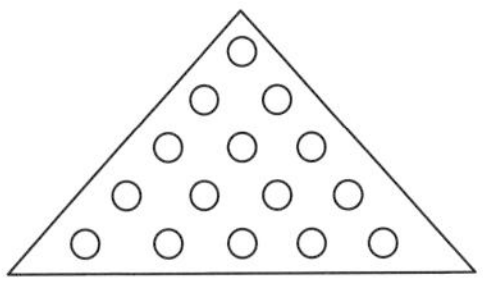

この○の数が1+2+3+4+5=15です。
これを2枚上下を逆にして用意します。

すると

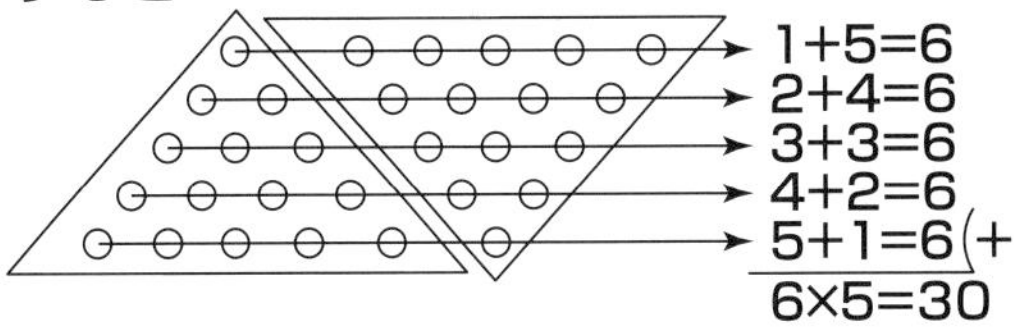

つまり30÷2=15になります。

これを1回で行うと$\frac{(1+5)\times 5}{2}=15$とできます。

したがってこの方法は三角数と呼ばれています。

☆に惑わされてはいけません。

Aさんにつられてはいけません。

先輩に聞け！

大学ナビゲーター

中央大学

総合政策学部
国際政策文化学科3年

三島《みしま》 亜依子《あいこ》さん

総合政策学部を選択したおかげでやりたいことが見つかった

なにも知らずに決めた志望校 それでも見事合格

——志望高校を決めた理由はなんですか。

「私は広島出身で、中学2年生のときに家族で神奈川に引っ越してきました。

　土地勘のないところに来て、どこにどんな高校があるのかも知りませんでした。それで近くにある高校をめざしたのですが、中3の夏に塾に入ったとき、塾の先生からもっと上の学校をめざさないかと言われました。それでも黙って近くの高校に願書を出しに行ったのですが、仲のいい友だちに、一緒に頑張ろうと言われ、思いきって湘南高校に志願変更しました。そして合格点ギリギリでなんとか入学することができました（笑）。」

——なぜ中大の総合政策学部を志望したのですか。

「高校入学のときから、あまり勉強は好きではなかったのですが、定期テストはそれなりにできたので指定校推薦で中大に入学しました。中大を志望した理由は、当時やりたいことがとくになかったので、総合という名前がついている学部であれば、総合的に勉強できるんだと思い、総合政策学部を志望しました。」

——入学してみてどうでしたか。

「入学してみると、本当にいい学部でした。いろいろな方面の勉強ができるので、迷いながらも中大の総合政策学部を選択して正解でした。

　総合政策学部の1年生の必修科目は、毎週教える教授が替わるんです。ですから専門もなくて、政治や経済はもちろん、環境問題や心理、落語の講義もありました。そこで自分の興味のあることを見つけることができ、2年生からの選択科目を選ぶ指針になりました。このように、さまざまな勉強ができたおかげで、いまはやりたいことが見つかりました。」

——それはなんですか。

「公務員になろうと思っています。東日本大震災があったことと、政治や行政に興味が出てきたことがきっかけです。いろいろな公務員の形や働き方がありますが、故郷の広島が好きなのもあって、広島に戻って県の職員になりたいと思うようになりました。」

1 部　活

広島にいるときはバスケットボール部に所属していました。50人くらいのチームで、うまい子もいて試合には出られませんでした。引っ越してきて、こっちのバスケットボール部を覗くと同級生が3人しかいませんでした。試合にも出たことがないのに、どうしようと考えていると、友だちが吹奏楽部に誘ってくれて、ピアノも習っていたので吹奏楽部に入りました。高校では3年間弓道部に入り活動していましたが、弓道は狙う的が小さくて私にとっては難しかったですね。

2 勉強方法

いまでもそうですが、当時からスケジュール帳を作って頑張っていました。私は勉強することを、あらかじめ書いておかないとできないタイプなんです。それで、スケジュール通りに勉強ができたら書いてある科目に色を塗っていました。

問題集は同じものをひたすら解いていましたね。それで「よくできました」のハンコと「×」のハンコを自分で買って、解き終わった問題に押していました。そうすることで、できた問題とできなかった問題がすぐにわかるし、どの問題を解いたのかも忘れてしまわないためにも、ハンコを押していました。

3 得意な教科と不得意な教科

中学のときは、得意教科は数学で苦手な教科は国語でしたね。

数学は解けたときが楽しくて好きでした。中学のときは公式を当てはめるとできたので（笑）。でも、高校2年生のときに点数が悪くなり、文系を選択するようになりました。

4 将来の夢

大学2、3年生のとき、映画館で映画を上映するアルバイトをしていました。そのアルバイトは時間に追われてきつかったのですが充実していました。同じように将来は、きつくてもバリバリ頑張れる仕事に就きたいと思っています。

5 受験生へのアドバイス

行きたい高校を早く見つけるとやる気も出て、頑張れるので早いうちに志望校を決めてください。

――では公務員試験に向けて勉強しているのですね。

「それが同じ公務員をめざしている友だちに勉強時間を聞いたら、すごく勉強していて、最近は心を改めて頑張っています。

妹もちょうど大学受験なので、自分の勉強時間がわかるアプリを携帯にダウンロードしてもらい、それをチェックしながら、妹と図書館などに行って一緒に頑張ってます。」

――卒論はどういったことを書くつもりですか。

「もう書き終わりました。卒論を書かなくてもいい学部なんですが、国際政策学部だけは2、3年生のゼミで卒論を書くと卒業単位になるので書きました。じつはもう卒業単位も全部取り終えました。

2、3年生のゼミで私は『若者のコミュニケーションの変化』について卒論を書きました。私は電車通学をしていて、電車のなかで人はどんなことを話しているのか興味を持つようになり、いろいろ調べて卒論にしました。選択したゼミはアメリカ社会文化なんですが、みんなゼミとは関係ないことをテーマにして書いていますね。」

――3年生で卒業論文を書き終えたということは、相当頑張りましたね。

「高校のときに怠けていたので、自責の念にかられて、大学に入ったら頑張ろうと思って頑張りました。いまも5月から始まる公務員試験まで頑張って、それが終わったらすぐに海外に行きたいと思っています。」

――どこに行きたいのですか。

「まずはマレーシアです。総合政策学部の第二外国語は8種類あって、そのなかでマレー・インドネシア語を選択しました。それでいままで3回マレーシアに行き、好きになりました。

初めは大学1年生の春休みに1カ月間行き、向こうの家族とお喋りをしたり、ジョギングをしたりして生活をともにしました。お風呂もなくて、水のシャワーで過ごしました。2回目のときには、イスラム教の断食も経験しました。普通は1カ月くらい断食をするのですが、私は3日しか体験しませんでしたが、それでも口内炎ができました（笑）。そしてこの前の夏休みに、クアラルンプールに1人で2週間行ってきました。東京より都会だと思いましたね。」

マレーシアのIsmail（イシュマイル）さん家族と

第26回

あれも日本語　これも日本語

「普通」って「すごい」??

文化祭に備えて、みんなで劇の練習をすることになったとしよう。そこで、リハーサルを行って、レベルをチェックする。すると、かなり上手な生徒がいる。そんなとき、みんなはなんて言うかな。

最近の若者言葉では「あの子、普通にできるんじゃない」って言い方をするらしい。みんなも使っているかな。

本来、「普通」は「あまねく通じる」ということで、「なみ」「一般」という意味だよね。対義語は「特別」「特殊」「異常」ってところかな。かつては「あなたは普通です」と言われたら、ほめられているんじゃなくて、けなされていると感じたものだ。

ところが、最近若者の間で使われている「普通」の意味は、「なみ」ではない。「とてもよい」というほめ言葉に変わってしまってるんだ。

「あの子、普通に勉強できるよ」といえば、「勉強がとてもできる」という意味だ。

「このラーメン、普通においしい」は「とてもおいしい」ということになるんだ。

「普通」の意味が「なみ」から「とてもいい」に変わっていったのは、この十数年のことだという。どうしてだろう。

いろいろな説があるらしいけど、いまや「普通」であることがとても難しい時代になったからだという意見がある。

どういうことかというと、部活にしろ、勉強にしろ、「普通」にやるということは、大変なことだと思われるようになったんだ。確かになんでもいい加減にやるのは楽だけれど、「普通」にやるのは大変かもしれない。

部活をやり、塾に行き、勉強して、それらをみな「普通」にできれば、それはやはりすごいことなのだろう。だから、「普通」にやることは「立派」ということになり、「とてもいい」という意味に変化していったのではないかと思われる。

ところで、いまの日本のことになるけど、大震災があり、毎年首相が変わり、経済はお先真っ暗、ってことになると、「普通」にやるということはやっぱり、それなりにすごいことなのかもしれない。「普通」をめざせだね。

サクニュー!!

ニュースを入手しろ!!

産経新聞
編集委員 大野敏明

今月のキーワード

消費税

検索

政府・民主党は社会保障と税の一体改革は避けて通れないとして、現行の５%の消費税を2014年4月に８%に、さらに2015年10月に10%に引きあげることを決定し、法案を国会に提出することにしました。

しかし、野党の自民党はもちろん、与党の民主党のなかからも反対の声があがっていて、消費税の引きあげが行われるかどうかは、きわめて不透明な情勢です。

消費税というのは私たちがものを買ったりサービスを受けたりするときに、そのもの本来の価格とは別に上乗せされる税金のことです。上乗せぶんは国に納められます。

日本で行われている消費税は一般消費税といわれ、酒類、タバコ、贅沢《ぜいたく》品といった特定の物品ではなく、広くほとんどの物品、サービスに課税されています。

国家を運営するためには、税金が必要です。福祉、厚生、公共事業、教育、防衛、警察、消防、公務員への給与など、多くの経費がかかるからです。それをさまざまな税金でまかなっています。

税金には直接税と間接税があり、法人税、所得税、固定資産税、相続税などは、国民が直接国に納める直接税です。直接税は収入などが多いほど税率が高くなる累進性があり、そのぶん、富が再分配されているといえます。しかし、高額所得者からすると、多く税金を取られるわけで不公平感がぬぐえません。

こうしたこともあって、少子高齢化社会を迎えつつあった1970年代から、より広範に税金を徴収できる消費税の導入が議論されるようになりました。

この結果、1989年4月、竹下内閣のとき、消費税法が施行され、３%の消費税が導入されました。1997年4月、橋本内閣は福祉の充実をうたって消費税を5%に引きあげて、現在にいたっています。

新年金制度の財源試算について説明する、民主党社会保障と税の一体改革調査会の長妻昭事務局長（右から２人目）（東京・永田町の衆議院第２議員会館）
時事　撮影日:2012-02-10

消費税は、広く国民に負担を求めるわけですが、消費に課税するため、低所得者の方がより負担の率が高くなります。また、現在のような不景気の時期に、消費を抑制しかねない消費税増税が正しいかどうかという議論もあります。

こうしたこともあって、政府・民主党の思惑とは裏腹に、引きあげがきわめて厳しい状況となっています。

ちなみに消費税は世界の多くの国で実施されており、最高はデンマーク、スウェーデン、ハンガリーなどの25%です。

高校受験 ここが知りたい Q&A

Question

どうやって高校を選べばいいの?

そろそろ進学する高校を選ぶように言われていますが、どのようにして高校を選ぶべきか悩んでいます。行きたい学校はあっても、実力がともなわないかもしれないし、あまり高校の内容もわかっていません。結局、受かりそうな学校を選ぶしかないのでしょうか。どうやって志望する高校を選択してゆけばいいのか教えてください。

(横浜市・中2・S.K)

Answer

多くの学校情報を集め 実際に学校に足を運んでみましょう

高校受験の最大の特徴は、受験する本人が学校を選択することにあります。学校生活を送るのは自分自身であり、だからこそ自分が通う学校を自分で選ぶことが大切なのです。

そのためにはまず、学校情報を集めましょう。多くの学校が掲載されている市販の受験案内もよいでしょう。気になる学校があればHPを見たり、パンフレットをもらいに行ってもいいでしょう。また、実際に高校を訪れてみることは、意外に重要なことです。学校までの交通機関や通学時間のおよそのところがわかるだけでなく、学校の雰囲気を感じることもできます。

学力的な点は、確かに心配になるかもしれませんが、もし合格のレベルまで到達していないのであれば、頑張って実力を伸ばして、行きたい高校に進学することが大切です。

高校受験は、努力することによって、かなりの学力伸長が期待できる入試です。これからの約1年間を計画的に学習していくことで、いまの学力ではやや届かないと思う学校にも合格できる可能性は十分にあります。合格できそうな高校でいい、と消極的に考えるのではなく、この学校に行きたいという強い気持ちを持って勉強に取り組んでください。

『深海のパイロット
六五〇〇mの海底に何を見たか』

著／藤崎 慎吾　田代 省三　藤岡 換太郎
刊行／光文社
価格／850円＋税

『深海のパイロット　六五〇〇mの海底に何を見たか』

6500mの海の底にはなにがあるのか 深海を旅するパイロットの素顔に迫る

深海―それは、宇宙と並び、人類が生身で行くことができない場所だ。

世界には、その深海を調査するための有人（人が乗る）深海潜水調査船を持つ国がいくつかある。そのうちの1つが日本で、1990年に完成した「しんかい6500」は、なんと水深6500mまで潜ることができるんだ。これは、現在世界一の深度だ。

この「しんかい6500」と、その前に造られ、2002年まで活躍した「しんかい2000」のパイロットたちにスポットを当てたのが、その名もズバリ「深海のパイロット」。

同じように生身で行くことができない場所でも、日本人宇宙飛行士のことはみんな知っているよね。でも、「しんかい6500」の名前は知っていても、「深海のパイロット」のことを知っている人は、ほとんどいないのではないだろうか。

そんな謎に包まれた人たちのことを、少しでも多くの人に知ってもらいたいという作家の藤崎慎吾さんの思いからこの本は生まれた。

本書は3部構成になっていて、第1部では藤崎さんが深海調査にまつわるさまざまなエピソードを書き綴っている。

潜水調査が確立されるまでの苦労話や裏話に始まり、彼らがどんなふうに調査を行うのか、また、2つの深海潜水調査船とパイロットたちがどんな発見をしてきたか、など、読者の興味をそそらずにはいられない内容が次から次へと登場する。

そして、実際に2つの調査船のパイロットを長年務めた田代省三さんが深海調査の世界を語る第2部、「しんかい2000」がもたらした10大発見を研究者の藤岡換太郎さんが紹介する第3部へとつながっていく。

巻末には「しんかい6500」に搭乗した毛利衛さん（日本で2人目の宇宙飛行士で、現・日本科学未来館館長）が語る「宇宙と深海の暗さの違い」なども収録されている。

最初から最後まで盛りだくさんの内容で、「未知のことを知る」楽しさが存分に詰まった1冊だ。

サクセスシネマ vol.26

友だちは宇宙人!?夢が広がるSF映画

未知との遭遇

1977年/アメリカ/コロンビア映画/
監督:スティーヴン・スピルバーグ

「未知との遭遇」スペシャル・エディション
好評発売中　2,500円(税込)
発売・販売元:(株)ソニー・ピクチャーズ エンタテインメント

未知との出会いをリアルに描く

SF映画を"Science Fiction"、つまり、非科学的なストーリーとするのであれば、この作品はある意味、SF映画とは言えないかもしれません。

確かに本作には、異星人もUFOも出てきます。しかし、俗に言うSF映画とは一線を画しているように感じられるのは、単なる「空想」や「夢物語」ではなく、監督のスピルバーグ氏が現実に起こり得る未来を「想定」して描いた作品だからなのでしょう。

つまり、UFOが到来したときに現実社会で起こり得るであろう事態を注意深く描いているのです。

UFOを見た人々の反応や、世論、各主要機関の対応。待っていたとばかりに動き出した秘密組織の活動。UFOが通り過ぎていったときに、起こり得るであろう現象の数々。この映画では、これらを決して非科学的で過剰な描写で伝えるのではなく、むしろ現実味を持って控え目に描いています。

クライマックスの宇宙人との交信手段や基地の様子は、まさに「科学的」。宇宙への夢を描くスピルバーグ氏の情熱あふれる一作となっています。

E.T.

1982年/アメリカ/ユニバーサル映画/
監督:スティーヴン・スピルバーグ

ユニバーサル　シネマ・コレクション「E.T.」
2012年4月13日発売　1,500円(税込)
発売・発売元:ジェネオン・ユニバーサル・エンターテイメント

だれもが知るSF映画の名作!

「ジョーズ」(1977年)、「未知との遭遇」の大ヒットに次いで、スティーブン・スピルバーグ監督の人気を決定的なものにしたのが、本作「E.T.」といっても過言ではありません。日本では「タイタニック」(1997年)に抜かれるまで、外国映画で興行収入1位を守る大ヒットを記録した作品となりました。

E.T.と言ってすぐに思い浮かぶのは、自転車に乗って、宇宙人のE.T.と子どもが空を駆けあがっていくシーン。月明かりが作りだすシルエットが幻想的な雰囲気を醸し出し、壮大なBGMに合わせてクライマックスを盛りあげます。

お互いの人さし指を合わせて傷を治すシーンや、「E.T.、お家、帰る」などの名セリフは、だれもが知っているところでしょう。

純粋で真っすぐな心を持つ人間の子どもと、同じように清らかで可愛らしい表情を見せるE.T.の友情物語は、世界中の人々をとりこにしました。

30年も前の作品ですが、いまなお、宇宙へ想いを馳せたSFファンタジー映画の名作中の名作であり、巨匠スピルバーグ監督の代表作です。

メン・イン・ブラック

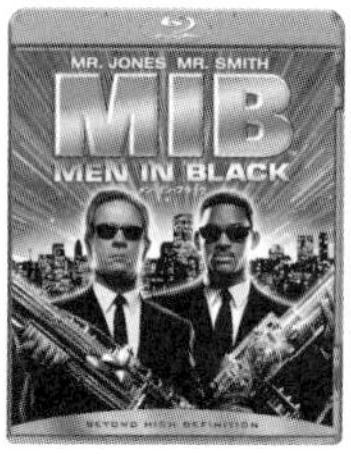

1997年/アメリカ/コロムビア映画/
監督:バリー・ソネンフェルド

「メン・イン・ブラック」好評発売中
2,500円(税込)
発売・販売元:(株)ソニー・ピクチャーズ エンタテインメント

シリーズ第3弾が今春公開

ストーリーはじつにシンプルで、秘密組織に属するK(トミー・リー・ジョーンズ)とJ(=ウィル・スミス)が、人間と同じ姿をして地球に暮らしている異星人を取り締まり、地球の平和を守るというもの。彼らが黒のスーツを身にまとっていることからメン・イン・ブラック(=Men In Black)というタイトルがついています。

いまでは落ちついた役柄も多くこなすウィル・スミスですが、15年前に公開されている本作では、若かりしころの身体を張った熱演が光ります。また、トミー・リー・ジョーンズが某缶コーヒーの人気CMで地球に住む異星人役を演じているのも、この作品のイメージと重なります。

SFも、アクションも、コメディも織り込まれただれもが楽しめる娯楽映画。大ヒットを受けて本作から5年後には「メン・イン・ブラックⅡ」が公開、また、子ども向けにテレビアニメーション化もされました。

さらに、今春には「メン・イン・ブラックⅢ」が日本でも公開予定、シリーズ初の3D作品となっています。

受験情報

monthly topics 1

千葉公立

全日制は「前期」で63%が合格

千葉県教育委員会は2月21日、平成24年度千葉県公立高校「前期選抜」の入学許可候補者内定者を発表した。

「前期選抜等」の内定者数は全日制の課程では、2万1411人(受検者数は3万9428人)で前年より539人多い。なお、この内定者が入学確約書を提出したあと、「後期選抜」の募集人員が決まって2月22日に発表された。全日制「後期選抜」の募集人員は1万2598人となり、約63%の合格者が前期で決まる、緩やかな「前期型入試」となった(全日制前期選抜の募集人員は2万1538人)。(詳報は次号以降)。

monthly topics 2

東京都立

25年度の推薦入試は「改善」へ

東京都教育庁は2月9日、「都立高校改革推進計画・第一次実施計画」を公表した。注目されていた25年度の推薦入試については、「検証を行い、生徒の能力・適性・意欲等をより一層的確に測る選抜方法へと改善を図る」とある。ただ、従来どおり「学力検査に基づく選抜」とは異なる入試としての位置づけは変わっていない。推薦入試の「全廃」や、学力検査導入は考えられない「実施計画」となっている。この「実施計画」は第二次、第三次と続けられ平成33年度まで計画されている。

Column 66

15歳の考現学

中学、高校、大学の受験を取りまく状況が大きく変わってきている

森上《もりがみ》 展安《のぶやす》

森上教育研究所所長。1953年、岡山県生まれ。
早稲田大学卒業。進学塾経営などを経て、1987年に「森上教育研究所」を設立。「受験」をキーワードに幅広く教育問題をあつかう。近著に『教育時論』（英潮社）や『入りやすくてお得な学校』『中学受験図鑑』（ともにダイヤモンド社）などがある。

ほんとうに早大は凋落したのか

受験戦線が少し変わってきているようです。

先日、夕刊紙に「早大凋落《ちょうらく》」と大見出しが踊っていました。なんのこ とか、と読み進めると、昨年来私大志願者数日本一の座が明大に奪われていたのが、今年はさらに差が拡大した、というものでした。

そこは夕刊紙ですからスポーツ新聞のような、あざとい見出しに誘われて購入した筆者の期待しすぎなのですが、じつのところ筆者が「期待」したのは、なにを「凋落」と言っているのかを知ることにあったので、その点では収穫がありました。

そのことを言う前に、2つの受験事情をお伝えしておこうと思います。1つは、その早大に加えて慶應大もあわせた早慶の人気、ということについて、これらの附属の小学校と中学校の受験生が大きく減少していることです。例えば慶應の幼稚舎と早実の初等部がそれぞれ10％以上、受験生が減少しています。次いで中学ですが、早稲田実業の中等部、早大高等学院中学部、慶應普通部、慶應義塾湘南藤沢中等部、慶應中等部のいずれもがやはり10％以上受験生が減少しました。

そしてもう1つ、みなさまが受験する高校受験ですが、こちらの慶應義塾系高校（志木、女子を含む）はいずれも応募増であり、早稲田実業高等部も応募増でした。早大高等学院は微減していたようですが、これは中学を新設していて定員を削減しているのでやむをえないといえます。

これらのことから早慶の大学の様子はどうか、と考えているところにこの夕刊紙の報道があったわけで、その夕刊紙によれば「早大の凋落」の一方で慶應大も応募数が減っている、とあります。それなら、なぜそれを早大と同じように「慶應大の凋落」としないのか、と読み進めると慶應大はセンター利用入試を今春からやめたので、そのぶんが減ったのだ、と書いてあります。なるほど、そういう事情ならいたし方ないですね。つまり慶應大の人気は衰えていない、というわけです。

そこで早大の凋落は本当なのか、という疑問にたどりつくわけですが、結論からいうと早大も人気が衰えていないのですね。

というのも、大幅に減少している商学部などはちょうど受験生の併願が最も多いということで、一方で偏差値は下がっていない（結果偏差値はこれからですが）ので、合格しそうな受験生しか受験しない傾向が強まっている、と考えるのが妥当といえます。それだけ財布のヒモが固くなったといえます。「早大は受験生の量を追わない、質を追求する」と昨年当局がコメントを出していますが、そのコメントの延長線上の事態が起きている、と見てさしつかえないでしょう。

こうして見ると、大学人気は一応保てていて、小・中での人気は落ち、高校の人気は高まっているということになります。

上位層の高校受験は厳しさが続くことに

これらのことから2つのことが言えるのではないでしょうか。ネームバリューがある大学へ行きたい、という気持ちが高い。そうすると、早慶より高くて価値がある大学へ行けるのならそちらへ行きたい、という方の割合は下の学校になればなるほど大勢いる、と考えられますね。夢は大きいのです。

しかし、間近に大学に行く時期が迫ってくると、そうもいかず自らの学力や意欲を考えて高校からなら早慶に、と考える人は多くなります。

はじめから早慶大に進学できるとわかっていれば予備校や塾に通う時間と費用は不要になります。その費用が仮に２４０万くらいとすると、年間80万なにがしの附属高校の授業料なども、３カ年で２４０万くらいですから、引き合うことになります。

むしろ早くから高大7カ年の計画を立てていけるので、なにかと将来の目標を立てやすいでしょう。

しかし、それより早く小学校や中学校から早慶の系列校に行かせたい、と考える人々は、大学までのことを考えることに加えて、小・中それ自体の価値を別に購入した、と考えているのでしょう。

そして、そういったことを考える人々が相対的に大きく減少したのだ、と理解すべきことになります。

ここから先は、検証が難しいのですが、そのようにして中学校や小学校からの附属通いを考えなくなった人々は、他の進学校を選んだというべきでしょうか、それとも受験そのものをやめた、ととらえるべきでしょうか？

中学受験についていえば、2月1日の実受験者数の減少は3％程度でしたから、早慶附属の減少分のうち、最低3％、最高でも6％くらいは、中学受験全体の減少ぶんと考えてよいでしょう。

しかし、早慶附属減少ぶんの12～15％のうち、残りの9％くらいの人は、おそらく他の進学校に乗り換えたのかもしれませんね。つまり、「早慶附属進学は高校からでよい」と考えて中学受験をしなかった人がある程度いたのでしょう。また、他の私立中学の受験に乗り換えた人々は、他大学受験の多い早稲田中の応募数が大きく増えたように、他の「進学校」を選んで早慶以上をめざしたのでしょう。

いま、大学進学の最高峰は国立大の東大やその他の旧帝大＋一橋、東工大と目されています。これに早慶が私大では仲間に入れてもらっていますが、そうしたヒエラルキー（階層構造）がある以上は、受験生保護者側のこうした受験行動は避けられないことだと思います。

中学受験から高校受験にシフトした家庭がある程度いたことになり、中学受験が最もピークのころと比べると、実受験生の1万人近くが高校受験にシフトしたことになります。この1万人は、しかし高校受験では比較的上位校受験をする層といってよく、今後しばらく、上位校の高校は厳しい入試状況になっていくと考えられます。

私たちは、昔に戻ったり若くなったりすることはできませんから、先に延ばすことによってどのようなメリットがあるか、を考えて行動する必要がありますが、じつは先のことまでは考えにくく、いま見える範囲でより安価で、割り引いて実践できる価値に目を向けることになります。

いまの動きはそれが長引く不況・家計不安といった事情で、そのことがより強く意識された結果と考えられます。

もっとも、早慶附属高校に合格しても公立トップ高校に進学する流れも強く出てきています。

これは、公立トップの高校でしっかり勉強して浪人せずに早慶以上の大学に進学するということを目標にした上位生が多くなっている、ということになるのでしょうか。

私立★INSIDE

東京都の私立高校
一般入試の応募傾向速報

このページは、首都圏の私立高校を取りまく状況を、そのときどきの情報をとらえながらお知らせしていくコーナーです。今回は、東京都生活文化局が２月１日、都内私立高校の一般入試応募状況について中間発表した内容を掲載します。

今春も高倍率は変わらず
朋優学院が驚異的倍率更新

本誌がお手元に届くころには各地の高校入試情報も公開され一段落というところでしょう。私立高校入試の最終状況も出揃うころでしょうが、本誌の締切までには、まだ中間状況しか手に入れることができませんでした。

ここでは東京都の私立高校一般入試について、その中間集計を掲載し、まとめてみます。

都内私立高校一般入試の願書受付は1月25日に始まりましたが、この中間集計は同27日正午までの出願をまとめたものです。昨年までも同時期の調査で統計をとっているため、全体の応募傾向をつかむことができます。

発表された東京私立一般入試の中間応募人員を見ると、５万１６００人と昨年より減少しました（昨年は５万２７８８人）。

中間応募倍率が高かったのは男子校では昨年の**開成**に代わり**桐朋**、女子校では**豊島岡女子学園**、共学校では**朋優学院**国公立コースでした。

後述しますが、この中間集計締切以降から願書受付が始まる学校があり、応募人員は最終締切までに少し増えることになります。

今回の中間集計で対象となったのは全日制の１８３校で、昨年より３校減っています。

これは、女子校の**麴町学園女子**と**東京女学館**が完全中高一貫化で高校募集を停止したのと、男子校の**攻玉社**が高校募集を休止したためです（**攻玉社**は２０１２年度は募集しませんでしたが、２０１３年度以降再開する可能性があります）。

このほか、帰国生のみの高校募集を行っていた女子校の**跡見学園**も、高校募集を停止しています。

昨年は**海城**が85人もの募集を停止したため、周辺男子校にさまざまな応募変動が起きましたが、２０１２年度の募集停止校は、それまでの一般入試募集枠が少なかったこともあって、その影響が他校の応募動向に影響するところまではいきませんでした。

特進コースや特待の魅力が
応募者増に好影響

では、ここからは次のページの表を見ながら解説していきましょう。

【表1】のとおり、中間時点（1月27日正午）までの応募者の合計は5万1600人で、昨年同時期より1188人減っています。
　中間応募倍率は2・55倍で、これも昨年よりは0・02ポイント下がりましたが、一般入試は高い倍率が続いています。
　なお、この表の集計翌日の1月28日以降に募集を始める学校が18校22学科あり、その募集人員の合計は767人です。**【表1】**のうち、募集人員の項には、この人員を含んでいますが、必然的に応募人員には含まれていません。

【表1】の最下欄に、参考までに昨年までの最終倍率を示しておきました。2012年度入試の最終倍率が、中間倍率どおりに変動するかどうかは微妙なところです。
　【表2】は、校種別に応募倍率（中間）を示してみました。普通科では昨年とほとんど変わらぬ倍率でしたが、女子校、共学校ではわずかに緩和しています。
　【表3】は、高倍率10校を校種別に表にしたものです。
　このところ共学校の方に応募が集まる傾向がうかがえたのですが、男子校では、昨年、入試回数を増やした**城北**の倍率がさらに高くなりました。昨年、**海城**の高校募集停止であふれた層が流れこんでいるものと見られます。
　共学校の人気も衰えていません。
　共学校の**朋優学院**国公立コースは募集人員が少ないこともあって、信じられないほどの高倍率（43・88倍）を打ち出した昨年を上回る48・25倍となっています。一昨年東大合格者を輩出し、昨春も国公立大学合格者を順調に伸ばしたコースであることが評価されているものです。
　特進コースのスタートで昨年から倍率ベストテンに顔を出した立川市の**昭和第一学園**など、成績上位者向けのコースの人気も続いています。「スーパー特進」「特進」……と名称はいろいろですが、進学色の強さだけでなく、特待生制度でのアピールも応募者を引きつけています。

【表1】募集人員、応募人員および中間倍率等の推移

	07年度	08年度	09年度	10年度	11年度	12年度
募集校数	191校	191校	191校	190校	186校	183校
募集人員	21,975人	21,690人	21,153人	20,745人	20,561人	20,256人
応募人員	51,357人	47,061人	43,597人	55,307人	52,788人	51,600人
中間倍率	2.34倍	2.17倍	2.06倍	2.67倍	2.57倍	2.55倍
調査日	1月29日	1月28日	1月28日	1月28日	1月28日	1月27日
最終倍率	3.40倍	3.41倍	3.49倍	3.77倍	3.58倍	

（注）応募人員は中間、中間倍率は「応募人員（中間）／募集人員」

【表2】男女校別、普通科、専門学科中間倍率（単位：人）

		普通科			専門学科			計		
		募集人員	応募人員（中間）	中間倍率	募集人員	応募人員（中間）	中間倍率	募集人員	応募人員（中間）	中間倍率
男子校	2012年	2,296	6,075	2.65倍	253	352	1.39倍	2,549	6,427	2.52倍
	2011年	2,242	5,945	2.65倍	321	439	1.37倍	2,563	6,384	2.49倍
	増減	54	130	0	-68	-87	0.02	-14	43	0.03
	増減率	2.41%	2.19%		-21.18%	-19.82%		-0.55%	0.67%	
女子校	2012年	3,977	4,220	1.06倍	445	498	1.12倍	4,422	4,718	1.07倍
	2011年	4,021	4,320	1.07倍	442	454	1.03倍	4,463	4,774	1.07倍
	増減	-44	-100	-0.01	3	44	0.09	-41	-56	0
	増減率	-1.09%	-2.31%		0.68%	9.69%		-0.92%	-1.17%	
共学校	2012年	12,154	38,197	3.14倍	1,131	2,258	2.00倍	13,285	40,455	3.05倍
	2011年	12,314	38,894	3.16倍	1,221	2,736	2.24倍	13,535	41,630	3.08倍
	増減	-160	-697	-0.02	-90	-478	-0.24	-250	-1,175	-0.03
	増減率	-1.30%	-1.79%		-7.37%	-17.47%		-1.85%	-2.82%	
計	2012年	18,427	48,492	2.63倍	1,829	3,108	1.70倍	20,256	51,600	2.55倍
	2011年	18,577	49,159	2.65倍	1,984	3,629	1.83倍	20,561	52,788	2.57倍
	増減	-150	-667	-0.02	-155	-521	-0.13	-305	-1,188	-0.02
	増減率	-0.81%	-1.36%		-7.81%	-14.36%		-1.48%	-2.25%	

【表3】中間倍率の高い学校（学科、コース等募集区分別）上位10校

	男子校		女子校		共学校	
順位	学校名	倍率	学校名	倍率	学校名	倍率
1	桐朋（普）	6.52	豊島岡女子学園（普）	7.93	朋優学院（普）国公立	48.25
2	開成（普）	6.28	慶應義塾女子（普）	4.81	東洋（普）特進選抜	36.07
3	明治大学付属中野（普）	5.70	文京学院大学女子（普）特進	3.72	東京成徳大学（普）特進2	15.80
4	城北（普）2	5.40	東洋女子（普）総合進学	3.60	早稲田実業（普）男子	15.36
5	早稲田大学高等学院（普）	5.04	文京学院大学女子（普）文理	3.49	朋優学院（普）特進	14.17
6	明法（普）特進1	4.40	村田女子（商）Standard	3.38	昭和第一学園（普）特進	12.53
7	学習院高等科（普）	3.90	村田女子（普）Standard	3.33	青山学院高等部（普）	10.87
8	明法（普）特進2	3.80	潤徳女子（商）1	2.69	日本工業大学駒場（普）2	10.00
9	城北（普）1	3.62	潤徳女子（普）美術デザイン1	2.62	昭和第一学園（普）総合進学	8.93
10	日本学園（普）特進1	3.30	佼成学園女子（普）特進文理 潤徳女子（普）総合進学1	2.40	早稲田実業（普）女子	8.68

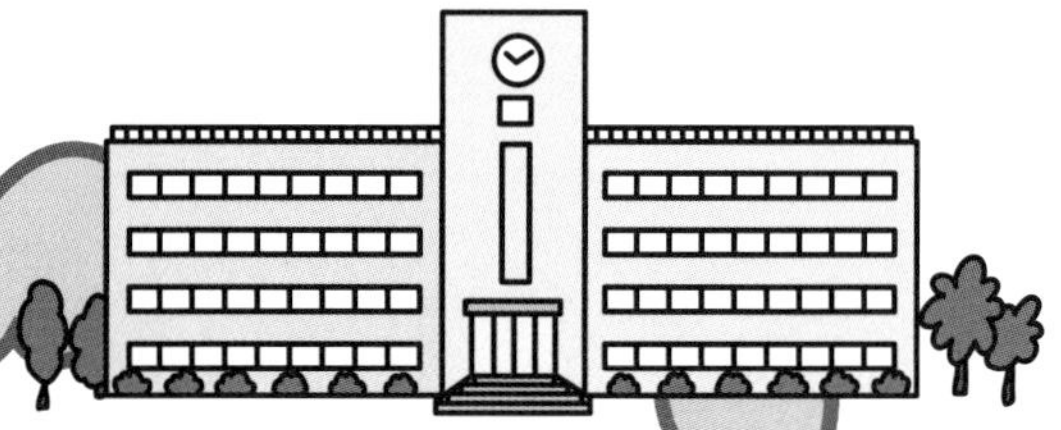

公立★CLOSE UP

全校共通の学力検査へ一本化される神奈川県

安田教育研究所　代表　安田 理

2013年度入試から神奈川県の公立高校入試制度が大きく変わる。新システムでは、どのような点が変わるのか、変更に対してどのような点に注意したらいいのか、いち早く紹介しよう。

神奈川県公立高校入試制度変更点

２０１３年度からのおもな変更点を3点にまとめてみよう。

①選抜機会の一本化

２０１２年度までの神奈川県公立高校入試では、前期、後期2回の選抜機会があった。さまざまな角度から判断し選抜を行うのが狙いで、前期と後期とでは選抜方式に違いがあった。最も大きな違いは、前期では面接はあるが学力検査はなく、後期では学力検査があることだ。

また、調査書の評定と各校が必要に応じて独自に行う検査は前期・後期のどちらでも選考で使われていた。

それが、２０１３年度からは2回あった選抜を1回にし、検査方法も一本化。面接と学力検査の両方を行い、調査書の評定に加えて各校が必要に応じて検査を行うことも可能とし、これらをすべて合わせて選考する。

日程はこれまでの後期と同時期を中心に検討中のため未公表だが、2月中旬から3月上旬の間に入試と合格発表が行われる可能性が高い。

②学力検査の共通化
消える学校独自問題

すべての高校で共通問題による学力検査が実施される。これまでは前期に合格すれば学力検査を受けずに高校へ進学できた。しかし、これからは原則として全員が学力検査を受けなければならなくなる。

また、**横浜翠嵐**、**湘南**などの学力向上進学重点校を中心に11校で導入されていた学校独自問題による学力検査はなくなる。そのため共通問題の質も変わることになる。

今回の制度変更の最大のポイントは、共通問題の学力検査が難しくなる。

前期と後期が一本化するのと同様に、学力検査も「共通問題」と「独自問題」とが一体化するのだから当然厳しくなるわけだ。

まず、「共通問題」と「独自問題」の違いについて説明しておこう。

もともと、公立高校の学力検査はすべて「共通問題」で実施され、高校によって合格基準が違っていた。

しかし、それだけでは差がつきにくい上位校を中心に導入されたのが「独自問題」で、その学校の先生が作成するオリジナルの問題だ。

神奈川県の「共通問題」は総じて

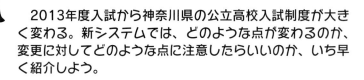

易しく、近隣他都県と比べ受験生の平均点が高い。そのため、難関上位校では得点差がつきにくく、昔から満点に近い得点をしないと合格できないケースも少なくなかった。実力があってもケアレスミスで1点差に泣く受験生が多かったのも神奈川の難関上位校の特徴だった。より客観的に受験生の実力を把握するには難度の高い出題が求められたために「独自問題」が登場したといえる。

独自問題では「思考力・判断力・表現力」を重視する出題が多く見られ、そう簡単には得点できない出題が中心。いち早く独自問題を実施した**横浜翠嵐**では、導入1年目の入学生たちが3年後、飛躍的に大学合格実績を伸ばし、注目を集めていた。

その独自問題が２０１３年度からなくなる代わりに、共通問題の質も変更される。独自問題で中心となった「思考力・判断力・表現力」を重視した出題がこれまでより多くなる。書かせる問題、考えさせる問題が増えるので、これまでの共通問題より難しくなるのは確実だろう。

共通問題では、これまで通りの「基礎・基本の定着」をみる出題もあるため、上位校で実施されていた「独自問題」に比べれば易しくなるという見方も可能だ。

しかし、理科・社会の2教科だけはこれまで独自問題がないため、確実に問題の難易度があがる。

また、これまでの各科50点満点から各科１００点満点に変わる。満点の点数が倍になれば、配点の幅を広げることが可能になり、受験生の得点差がつきやすくなるだろう。

考えさせたり書かせたりする問題が増えても、試験時間はこれまでと同じ50分の予定。問題数が減る可能性もあるが、これまで以上に時間配分への注意が必要になる。

③調査書＋学力検査＋面接＋特色検査で選抜へ

調査書と学力検査と面接の得点合計で数値を算出する。調査書・学力検査・面接の各項目を１００点満点に換算したあと、項目ごとに各校が2倍から6倍し合計点１０００点満点で合計数値を算出する。項目の倍率は各校が決める。

高校によっては学科などの特色に応じた特色検査を実施。特色検査の結果も１００点満点に換算後、他の項目と同様に数倍した数値を加える。特色検査は「必要に応じて各校が独自に行う検査」が名称を変更されたものだろう。検査内容は実技か自己表現に限られている。

選抜にあたって数値を算出する計算式はこれまでも後期で明示されていたが、計算項目となっていたのは調査書と学力検査のみだった。新選抜方式では面接も点数化されて加わることになる。

「数値の算出について」

・調査書の評定　A＝(第２学年の９教科の評定合計)＋(第３学年の９教科の評定合計)×２
・学力検査の結果　B＝学力検査の合計得点
・面接の結果　C＝面接の得点

【算出方法】

上記A・B・Cをそれぞれ100点満点に換算した(a)・(b)・(c)を各高校が定めた比率f・g・hに基づいて、次の式により合計数値Sを算出。

合計数値S＝(a)×f＋(b)×g＋(c)×h
(f・g・hは２以上の整数とし、f＋g＋h＝10となるように設定)

特色検査を実施した場合は、その結果Dを100点満点に換算した(d)を加算。

合計数値S＝(a)×f＋(b)×g＋(c)×h＋(d)×i(iは５以下の整数)

また、出願時には「面接シート」を提出。高校への入学希望理由や中学での学習活動、校内外での活動への取り組みなどについて記入するもので、前期の「自己PR書」とほぼ同じものだろう。

では、このような制度変更に対しどのような注意が必要だろうか。

入試制度変更に対する注意点

制度が変更になると、予測が難しくなるために不安を感じる受験生もいるだろう。しかしだれにとっても初めての変更であることに変わりはない。

予測が立てにくいぶん、どのような対策が必要なのか判断しづらいが、改善方針についての資料は公表されている。まだ詳細は不明な点もあるが、ここから読みとれる注意点について見ていこう。

①学力検査対策のポイント
「思考力・判断力・表現力」

受験生にとって最も気になるのは「学力検査」の変更だろう。

これまでの過去問題対策だけでは足らなくなる可能性がある。

「基礎・基本の確認」は従来の共通問題の出題傾向と同じだろう。しかし、「思考力・判断力・表現力」を問う応用問題の占める割合は増える。

上位校をめざす受験生にとっては応用問題での得点力が合否を左右する可能性が高い。

では、応用問題を解けるようになるにはどのような学習を進める必要があるだろうか。

まず、応用問題を解けるようになるには基礎・基本となる知識の習得や理解の徹底が必要だ。基礎・基本に不安があるなら早めに復習してウィークポイントをなくすことが大事。

だが、それだけではもの足りない。応用といっても「自分なりに考え、だれにでもわかるように書ける力」が求められるので、記述に慣れておいた方がいい。正解がいくつも考えられる出題もあるだろう。短時間で自分の考えを決め、文章にまとめられるようにしたい。

②過去問題は有効か

これまでと出題傾向が全く変わるわけではないが、次年度の対策として過去の共通問題だけでは心もとない。

応用問題や記述問題の対策には「独自問題」が有効になりそうだが主要3科に限られてしまうので、理科・社会の対策が難しい。

今回のように学力重視傾向の強い入試制度に変更したのは神奈川が最初ではない。埼玉が2年前、千葉は1年前から既に導入している。

最も有効と思われるのは埼玉と千葉の公立高校の過去問題だろう。しかも、両県は制度変更以前から「思考力・判断力・表現力」重視型の出題が多く、ほとんど出題傾向を変えていない。

とくに埼玉は各科40点満点から100点満点に変更してから3回目の学力検査を実施したばかり。格好の練習台になるだろう。

また、問題の難しさでは千葉の方が埼玉より先行しているので、難関上位校をめざす受験生にとっては千葉県の公立入試問題がより役に立つかもしれない。

③面接対策は必要か

今回、点数化されることで注目されるのが面接。しかし、面接で差がつくとは考えにくい。高校進学への意欲と中学生活での成果を問われることに変わりはない。

質問されたことに対してきちんと答えること、「面接シート」に記入されたことと口頭で答えた内容が一致していることが重要。ある程度の練習はしておくに越したことはないが、面接で調査書や学力検査の失点を取り返そうといった考えは避けるべきだろう。

④各校の計算方式に注目

高校の特色に応じて各項目のウエートが違うので、志望校候補がどのような選抜を実施するのか情報を集めておく必要がある。

学力検査と調査書のどちらを重視するかによって同じ成績でも結果が変わってくるからだ。

中心は調査書と学力検査と面接結果だが、一部の高校では特色検査も行われる。特色検査では学力検査や面接と重なる検査は実施しないことになっている。そのため、学力向上進学重点校をはじめとした上位校で特色検査を導入する可能性は少ない。

しかし、**横浜翠嵐**や**湘南**では前期に自己表現活動を実施していたので、全くないと断言はできない。詳細な発表が待たれる。

ご提案型の教育旅行会社って？

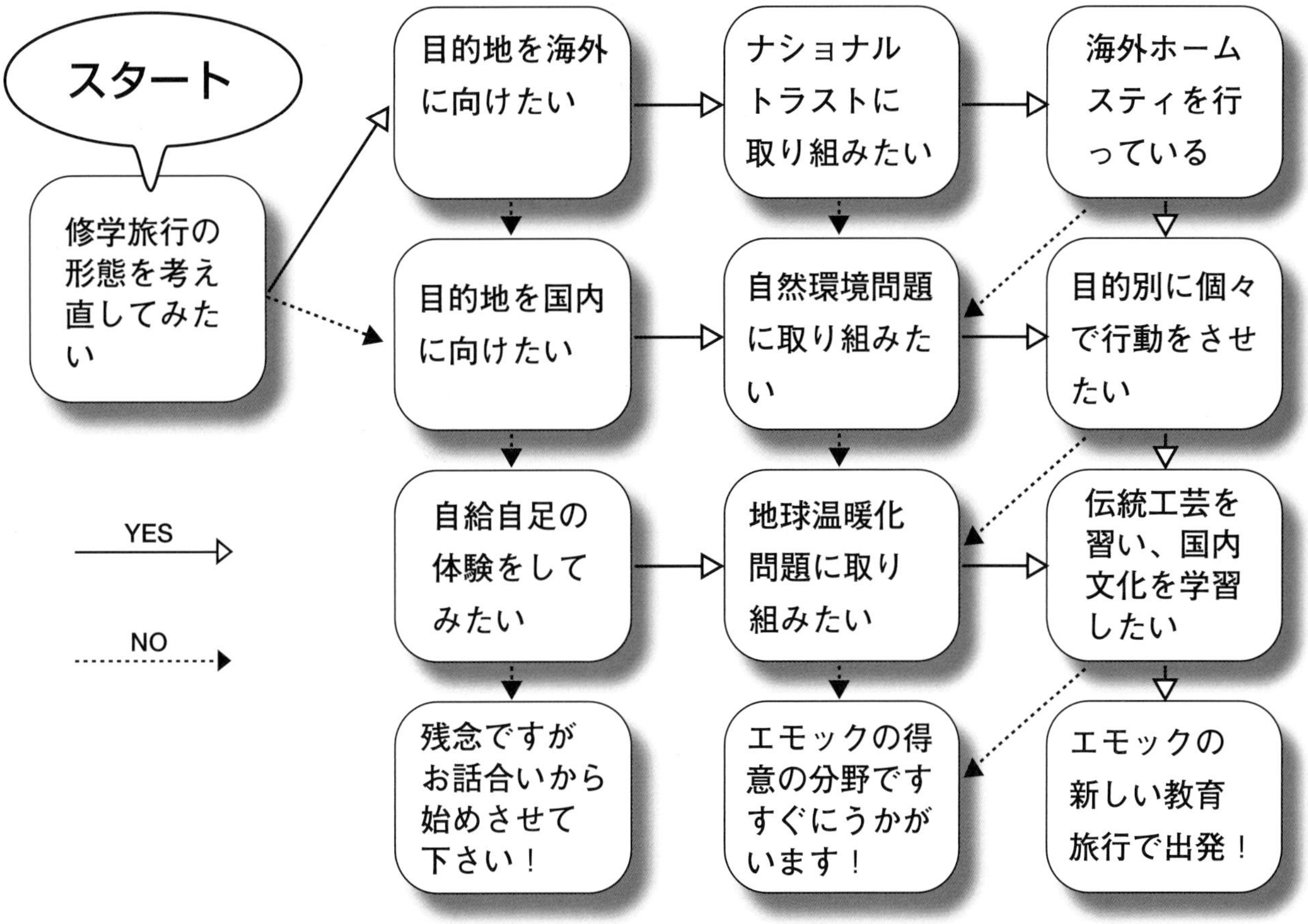

スタート
修学旅行の形態を考え直してみたい
目的地を海外に向けたい
ナショナルトラストに取り組みたい
海外ホームスティを行っている
目的地を国内に向けたい
自然環境問題に取り組みたい
目的別に個々で行動をさせたい
自給自足の体験をしてみたい
地球温暖化問題に取り組みたい
伝統工芸を習い、国内文化を学習したい
YES
NO
残念ですがお話合いから始めさせて下さい！
エモックの得意の分野ですすぐにうかがいます！
エモックの新しい教育旅行で出発！

従来の名所旧跡を訪ねる修学旅行から、最近ではさまざまなテーマを生徒個々または小グループごとにコンセプトメークしひとつの社会貢献の一環として、位置づける学習旅行へと形態移行しつつあります。

小社では国内及び海外の各種特殊業界視察旅行を長年の経験と実績で培い、これらのノウハウを学校教育の現場で取り入れていただき、保護者、先生、生徒と一体化した旅行づくりを行っております。

一例

- ●海、山、川の動物、小動物の生態系研究
- ●春の田植えと秋の収穫体験、自給自足のキャンプ
- ●生ごみ処理、生活廃水、産業廃棄物、地球温暖化などの環境問題研究
- ●ナショナルトラスト（環境保全施設、自然環境、道の駅、ウォーキング）
- ●語学研修（ホームスティ、ドミトリー、チューター付研修）など

[取扱旅行代理店]　**（株）エモック・エンタープライズ**

担当：山本／半田

国土交通大臣登録旅行業第1144号　日本旅行業協会正会員（JATA）

東京都港区西新橋1-19-3　第２双葉ビル２階　☎ 03-3507-9777（代）

E-mail:amok-enterprise@amok.co.jp　URL:http://www.amok.co.jp/

高校入試の基礎知識

学校選びの基礎知識 2
共学校と男子校・女子校の違い

このページは、受験生や保護者のみなさんに「高校入試の基礎知識」を学んでもらうコーナーです。先月号では学校選びの基礎知識1として、「国立、公立、私立高校の違い」を見てみました。今月号では、。その2として「共学校と男子校・女子校の違い」を見ていきましょう。

共学校か男子校・女子校か

学校選択を進めるとき、考えておかなければならない学校の違いのひとつに「共学校」か「男子校・女子校」か、という要素があります。

共学校を志望校とするのか、男子校・女子校を選ぶのかは、学校生活に入ってからの生活面を考えたとき、とくに重要な選択となります。

なぜなら、選んだ学校と自分がマッチするかによって、学校行事、部活動など、授業以外に過ごす時間での「楽しさ」「やりがい」「達成感」などが大きく変わってくるからです。また、それが友だちづきあいのプラスマイナスにつながり、ひいては勉強する雰囲気に関係しますから、学業成績にも大きな影響があるわけです。

自分が共学校向きか男子校・女子校向きかは、志望校選びを始める前に見極めておく必要があります。わからなければ、中学校の担任や部活の先生、塾の先生、また、友だちにも相談してみましょう。

共学校人気が続いている

私立高校では、伝統ある男子校・女子校の共学化が続き、なかでも高校募集がある私立女子校は**豊島岡女子学園**（東京）などの難関校を中心に一部の女子校が残るのみとなっています。

共学校に人気が集まり、生徒募集ではとくに女子校が苦戦気味といわれています。私立高校では、募集のある女子校自体が激減していますから当然といえば当然で、女子校に行きたくても選ぶ学校が少なすぎ、難度も高いですから敬遠されてしまいます。その流れで、入りやすい学校まで人気薄となっています。

公立高校では、東京都立高校などのように共学校が全国的に多くなっていますが、埼玉や千葉の公立高校には以下のように男子校、女子校もあります。

首都圏4都県で私立高校以外の国公立全日制では、東京で国立の**筑波大附属駒場**（男子校）と**お茶の水女子大附属**（女子校）、埼玉県立の男子校5校（**県立浦和、春日部、熊谷、川越、松山**）、女子校7校（**浦和第一女子、春日部女子、川越女子、久喜、熊谷女子、鴻《こうの》巣《す》女子、松山女子**）、千葉の女子校2校（**木更津東、千葉女子**）となっています。

私立高校には、もちろん共学校も多いのですが、男子校、女子校もあります。

また、私立高校には、共学校、男子校・女子校の中間的な学校として「別学校」という学校もありますから少し触れておきましょう。

東京の**国学院久我山**、神奈川の**桐蔭学園**、**桐光学園**などは同じ敷地内に男子・女子が在籍していますが、ほとんどの授業、行事、部活動は男女別に行われます。

これらが別学校（併学校）と呼ばれている学校です。かつてはこのタイプの別学校はほかにもありましたが、多くが共学校へと移行しています。

学校選びの要素としては男子校、女子校と同じと考えていいでしょう。ただ、東京の**国学院久我山**は、自ら「共学校的別学校」と呼ぶほどで、ここは共学校の雰囲気と変わらなく感じます。

共学校・男子校・女子校 それぞれに長所がある

最近は、共学校の方が人気ですが、男子校には男子校のよさが、女子校には女子校のよさがありますので、共学校人気の裏で根強い人気があるのも事実です。

この長所が自分に合っている学校を選ぶうえで大事な要素になります。

かつての高校では、工業高校には男子が、商業高校には女子が、といったイメージがありましたが、最近では工業系の高校に女子が、被服や家政関係の高校に男子が入学するケースも珍しくなくなっています。

社会のなかで男女差がなくなってきたのに呼応して、高校選びの過程でも男女のこだわりがなくなってきているといえます。

共学校か男子校・女子校かを選ぶかは、ここまで述べてきたように、どんな高校生活を送りたいかという点が重要です。それぞれの特徴を知り、どのタイプの高校が自分にとって充実した高校生活が送れるのかを考えてみましょう。

共学校

共学校は、共学である公立中学校から進学する場合はほとんど環境が変わらず抵抗なく学校生活に入っていくことができます。ただ、同じ共学でも、創立の歴史や進学校かどうかなど、学校ごとにそれぞれ独自の校風がありますので、それに慣れていく姿勢も求められます。

また、共学校は、男子・女子がお互いの違いを認め合い、それぞれの優れた点を吸収できる、といったプラス面があります。

男子校

男子校は、首都圏の公立高校では前述のとおり埼玉県に5校のみしかありませんが、私立高校はそれに比べれば多くの男子校があります。

これらの高校は伝統校が多く、歴史ある校風を受け継いでいます。

男子のみという特徴がありますので、勉学のみならず部活動や文化祭・体育祭などの学校行事を徹底してやりぬくという校風の学校が多く、そうした学校生活を振り返って、それが「よかった」と、卒業生のほとんどが語ります。

数多くの同性の先輩から学んだり、友人と友情を深めることができるのもいい点です。男子同士で切磋琢磨し、スポーツや進学で高い実績をあげていくのが男子校のスタイルになります。

女子校

女子校は、首都圏の公立高校では埼玉県に7校・千葉県に2校のみですが、私立高校には男子校同様、多くの女子校があります。

これらの私立女子校には男子校と同じように伝統校が名を連ね、創始者も女性である場合が多く、女性が成長していくうえでの「見守り」が大切にされています。

そのうえで、各校が女子のみという特徴を活かし、それぞれ特徴ある教育理念を掲げて女子教育を行っています。

女子校ではかつては「よき母親」を育てるといった教育方針が前面に出ていましたが、いまでは「国際性、自主性」を重視し、国際的な舞台で力を発揮できる女性を育成する、といったような教育理念へと脱皮し、新機軸を打ち出している学校がほとんどです。

異性の目を気にせず、自分の個性を積極的に伸ばしていけるのも女子校ならではといえます。カリキュラムや部活動でも女性ならではの特性を活かしたプログラムが用意されています。

◇

これら共学校、男子校、女子校の特徴や雰囲気は、じつは、学校ガイドやホームページを閲覧しているだけではつかみとることができません。

ぜひ、積極的に学校説明会や文化祭などの学校行事に足を運び、自分の目で見て、その雰囲気に触れてみましょう。

Success Ranking
サクセスランキング

「センバツ」通算優勝&出場回数ランキング

今年もこの季節がやってきた！　春の風物詩の１つである「センバツ」（選抜高等学校野球大会）が３月21日に開幕する。今回はそれにちなんで、これまでの優勝回数と出場回数のランキングだ。最近は出場していない学校が多いけれど、今大会に出場する学校もランクインしているので、チェックしてみよう。

☆…今大会出場校

通算優勝回数ランキング

順位	校名	都道府県	優勝回数
1	**中京大中京**	**愛知**	**4**
1	**東邦**	**愛知**	**4**
3	県立岐阜商業	岐阜	3
3	広陵	広島	3
3	PL学園	大阪	3
3	横浜☆	神奈川	3
3	県立箕島	和歌山	3
8	大阪体育大浪商	大阪	2
8	県立高松商業	香川	2
8	東海大相模	神奈川	2
8	県立松山商業	愛媛	2
8	県立池田	徳島	2
8	報徳学園	兵庫	2
8	市立神港	兵庫	2
8	沖縄尚学	沖縄	2

通算出場回数ランキング

順位	校名	都道府県	出場回数
1	**龍谷大平安**	**京都**	**36**
2	中京大中京	愛知	30
3	東邦	愛知	27
4	県立岐阜商業	岐阜	26
5	県立高松商業	香川	25
6	広陵	広島	22
7	天理☆	奈良	21
7	県立広島商業	広島	21
9	PL学園	大阪	20
9	県立熊本工業	熊本	20
11	大阪体育大浪商	大阪	19
11	早稲田実業	東京	19
11	県立徳島商業	徳島	19
11	東北	宮城	19
15	報徳学園	兵庫	18
15	日大三	東京	18

お便りコーナー

サクセス広場

おしゃれのこだわり

メガネです。最近は安くていろいろなメガネがあるので、**毎週違うメガネで**登校しています。
(中2・伊達メガネさん)

前髪にはかなりこだわっています！　いつも自分で切って整えていますが、楽しくてついつい切りすぎちゃうことも…笑
(中2・N・Kさん)

私服の襟は絶対に立てる!!
じゃないと落ち着かない。
(中2・ラガーマンさん)

スカート丈の長さにこだわっています。膝上5㎝じゃないと可愛くないし、ダサい。
(中2・おしゃれっ子さん)

男だけど**朝は必ずシャンプー**します。くせ毛なんでシャンプーしないとまとまらないんです。
(中3・朝しゃんさん)

シワのついた服は着ません！
制服のブラウスも毎日自分でアイロンがけしています。お父さんのワイシャツみたいに、私のもクリーニングに出してほしい…。
(中2・E・Mさん)

AKB48の高橋みなみさんがいつもリボンをつけているのがカワイイと思ったので、私も**いつもリボンをつけています。**
(中1・AKABANE48さん)

卒業する先輩へ…

あっこ先輩卒業おめでとう！　私もあっこ先輩を追いかけて、**同じ高校をめざします!!**
(中2・あっこ先輩大好きさん)

今年こそは卓球部の先輩たちが果たせなかった**全国大会出場**を果たします！
(中2・米中卓球部さん)

いつも近くにいた佐藤先輩がいなくなって、先輩の存在の大きさに、いまになって気付きました。**2年間ありがとうございました。**
(中2・バスケットボール部さん)

松田先輩、**好き**です！
(中2・初の告白さん)

入ってみたかったけど、それまでやったことがないから迷っていた将棋部への入部を決めたのは、**T先輩がやさしく誘ってくれた**からです。いまは入部して本当によかったと思っています。ありがとうございました！
(中2・将棋の鬼さん)

このスポーツが好き!

トランポリンが好きだ！　小さいころから体操をやっていて中学からトランポリンが好きになった。将来オリンピック選手になりたいです。
(中1・トランポリオさん)

弓道がいい。弓道の集中力は勉強にも役に立つような気がする！　弓道も勉強も狙った的は外さない。
(中2・上弦の月さん)

やっぱり**サッカー**でしょ！　自分みたいに小さい身体でも、サッカーは体格差のハンデに関係なくプレーできるスポーツだから好きです。
(中1・ぶれ玉さん)

フィギュアスケートが大好きで、いつもテレビで見て応援しています。真央ちゃんは可愛すぎです。ソチオリンピックでは絶対に金メダルを取ってほしいです。
(中2・スマイルさん)

なかなか見る機会がないけど、**セパタクロー**が大好きです。あの躍動感と迫力がなんとも言えません。知らない人はぜひ1度見てみてください!!
(中2・マレー半島さん)

募集中のテーマ

『新学期への抱負!!』

『もし宝くじで3億円当たったら』

『びっくりした話!?』

応募〆切 2012年4月15日

必須記入事項

A／テーマ、その理由　B／住所　C／氏名
D／学年　E／ご意見、ご感想など

ハガキ、FAX、メールを下記までどしどしお寄せください!
住所・氏名は正しく書いてください!!
ペンネームは氏名のうしろに(　)で書いてネ!
【例】サク山太郎(サクちゃん)

あて先

〒101-0047　東京都千代田区内神田2-4-2
グローバル教育出版　サクセス編集室
FAX:03-5939-6014　e-mail:success15@g-ap.com

ここにメールしてね!!

success15

ケータイから上のQRコードを読み取り、メールすることもできます。

掲載されたかたには
抽選で図書カードをお届けします!

掲載にあたり一部文章を整理することもございます。個人情報については、図書カードのお届けにのみ使用し、その他の目的では使用いたしませ

挑戦!!

川《かわ》越《ごえ》東《ひがし》高等学校

問題

右図のような，２つの放物線

$y=x^2$　　　　……①

$y=ax^2$（$a>0$）……②　　がある。

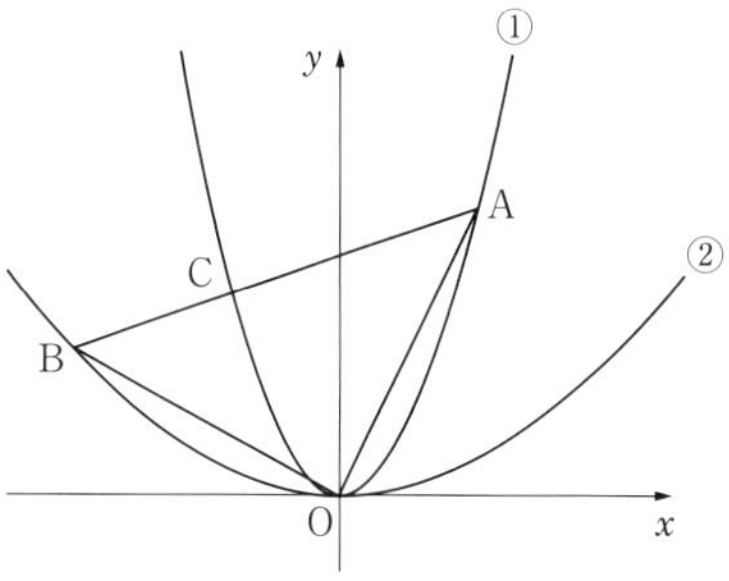

点Ａは放物線①上の点で x 座標は２である。点Ｂは放物線②上の点で，△ＯＡＢはＯＡ＝ＯＢの直角二等辺三角形となる。辺ＡＢと放物線①とのＡ以外の交点をＣとする。

次の各問いに答えなさい。

（１）a の値を求めなさい。

（２）ＢＣ：ＣＡを求めなさい。

（３）直線ＡＢに平行で原点Ｏを通る直線と，放物線②とのＯ以外の交点をＤとする。△ＯＡＤと△ＯＢＣの面積の比を求めなさい。

解答 (1) $\frac{1}{8}$　(2) 7：11　(3) 8：7

埼玉県川越市久下戸6060

JR線「大宮」「南古谷」・東武東上線「上福岡」・西武新宿線「本川越」スクールバス

TEL：049-235-4811

http://www.kawagoehigashi.ed.jp/

国《こく》際《さい》学《がく》院《いん》高等学校

問題

日本語の意味に合うよう並べかえたとき、２番目にくる語を選び、記号で答えなさい。なお、文頭にくるものも小文字で表記してあります。

（１）私はこのコンピュータの使い方を知りません。
I don't（ア　use　　イ　know　　ウ　to　　エ　how）this computer.

（２）雨のため、昨日は外出しませんでした。
I didn't（ア　because　　イ　go　　ウ　out　　エ　of）the rain yesterday.

（３）昨日読んだ本はおもしろかった。
The book（ア　was　　イ　read　　ウ　I　　エ　yesterday）interesting.

（４）みんなにやさしくするのはいいことだ。
It is nice to（ア　everyone　　イ　to　　ウ　kind　　エ　be）.

（５）これらのおもちゃを私に貸してくれませんか。
Will（ア　lend　　イ　these toys　　ウ　me　　エ　you）?

解答 (1) エ　(2) ウ　(3) イ　(4) ウ　(5) ア

埼玉県北足立郡伊奈町小室10474

埼玉新都市交通伊奈線・ニューシャトル「志久」徒歩12分、JR線「上尾」「蓮田」スクールバス

048-721-5931

http://www.kgef.ac.jp/kghs/

私立高校の入試問題に

成《せい》城《じょう》学《がく》園《えん》高等学校

問題

右の図は，AD//BCの台形ABCDである。DC＝2cm，AD：BC＝1：$\sqrt{3}$，∠ADC＝60°，∠ACB＝45°である。次の問いに答えよ。

（1）∠ACDの大きさを求めよ。

（2）台形ABCDの面積を求めよ。

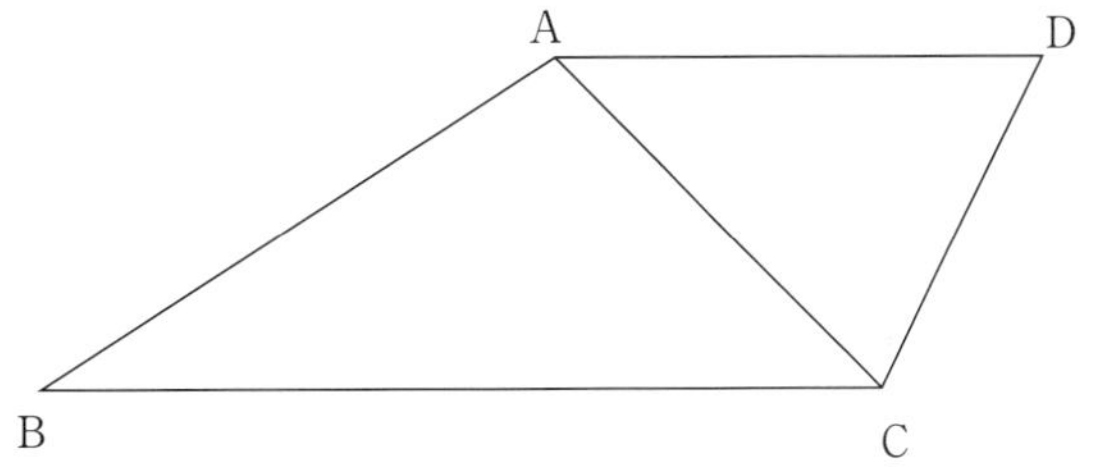

東京都世田谷区成城6-1-20
小田急線「成城学園前」徒歩5分
03-3482-2104
http://www.seijogakuen.ed.jp/

解答 （1）75°　（2）$2\sqrt{3}+3$ cm²

聖《せい》和《わ》学《がく》院《いん》高等学校

問題

右の図はAD＝6cm，CD＝12cm，CG＝8cmの直方体ABCD-EFGHである。辺AB，BC，FGの中点をそれぞれL，M，Nとし、辺EFを3等分する点をEに近いほうから順にP，Qとするとき、次の問いに答えなさい。

（1）AQの長さを求めなさい。
（2）2点C，Qを結ぶとき、2点間の距離CQを求めなさい。
（3）ELの延長線とFBの延長線と、GMの延長線はすべて1点で交わる。この点をOとするとき、立体OLBMの体積を求めなさい。

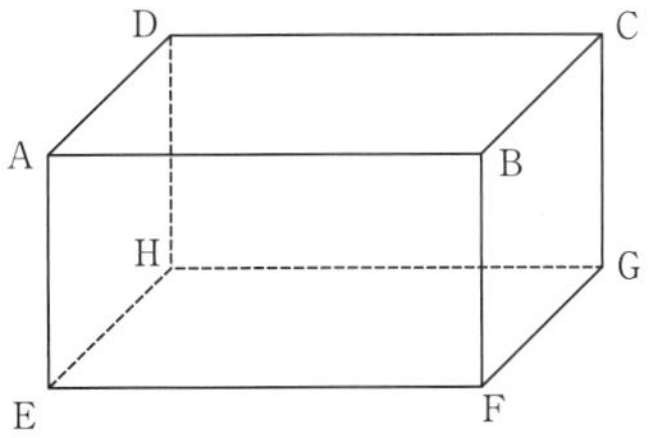

（4）4点L，M，G，Eを通る平面で切って、この立方体を2つの立体に分けるとき、頂点Dを含むほうの立体の体積を求めなさい。

神奈川県逗子市久木2-2-1
JR線「逗子」徒歩8分、
京浜急行線「新逗子」徒歩10分
046-871-2670
http://www.seiwagakuin.ed.jp/

解答 （1）$8\sqrt{2}$ cm　（2）$2\sqrt{29}$ cm　（3）24 cm³　（4）408 cm³

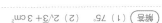

2月号の答えと解説

●問題

Q アナグラムパズル

アナグラム (anagram) は、単語や文のなかの文字をいくつか入れ替えることによって、まったく別の意味にさせる言葉遊びです。下の例にならって、文中にある単語を並べかえてマスのなかに入れ、意味の通る英文を完成させてください。最後に、□ に当てはまる5つのアルファベットを並べかえてできる動物名を表す英単語を答えてください。

【例】The bus stop is in front of the □□□□ office.
文中のstopを並べかえてpostにしてマスのなかに入れると、下のような文になります。
The bus **stop** is in front of the **post** office.（バス停は、郵便局の前にあります。）

① □□□□□ are three eggs in the basket.

② Be silent. □□□□□□ to me.

③ A mysterious □□□□□ happened last night.

④ I □□□ a movie yesterday. It was very interesting.

⑤ Children have no □□□□□□ if they play in this garden.

●解答　WHALE（くじら）

解説

①〜⑤の文は、次のように下線を引いた単語の文字を並べかえてマスのなかに入れると文が完成します。

① There are three eggs in the basket.
（かごのなかに3個の卵があります。）

② Be silent. Listen to me.
（静かにしてください。 私の話を聞いてください。）

③ A mysterious thing happened last night.
（不可解なことが昨夜起こりました。）
＊mysterious＝不可思議な、神秘的な

④ I saw a movie yesterday. It was very interesting.
（昨日、私は映画を見ました。それはとてもおもしろかった。）

⑤ Children have no danger if they play in this garden.
（この庭で遊べば子どもに危険はありません。）
＊danger＝危険、脅威

上の問題に登場したもの以外のアナグラムになっている英単語を少し紹介しておきましょう。

・eat（食べる）→ tea（お茶）
・item（項目、品目）→ time（時間）
・earth（地球）→ heart（心臓）
・throw（投げる）→ worth（値打ち、価値）
・master（主人、名人）→ stream（小川）
etc…

この他にもアナグラムはたくさん見つけることができます。英単語の勉強にもなるので、楽しみながら探してみてはどうでしょうか。

中学生のための

学習パズル

今月号の問題

Q ことわざ穴埋めパズル

例のように、空欄にリストの漢字を当てはめて、下の①～⑨のことわざを完成させましょう。

リストに最後まで使われずに残った漢字を使ってできるもう1つのことわざに、最も近い意味を持つことわざは、次の3つのうちどれでしょう？

ア　医者の不養生　　イ　忠言耳に逆らう　　ウ　下手の道具立て

【例】□を□らわば□まで → 毒を食らわば皿まで

①　□は□し

②　□け□に□

③　□れ□で□

④　□の□を□る□

⑤　□□□を□ばず

⑥　□つ□□を□さず

⑦　□ある□は□を□す

⑧　□□は□て□て

⑨　□□は□□より□なり

【リスト】

粟	威	隠	果	奇	苦	狐	虎
口	弘	皿	試	事	実	借	手
小	焼	食	寝	水	石	跡	説
選	待	鷹	濁	鳥	爪	毒	濡
能	筆	物	報	法	薬	立	良

2月号学習パズル当選者

（全正解者40名）

★**田丸　静一**くん（神奈川県逗子市／中3）

★**吉野　文也**くん（埼玉県新座市／中2）

★**新井えりか**さん（東京都文京区／中1）

応募方法

●必須記入事項

01　クイズの答え

02　住所

03　氏名（フリガナ）

04　学年

05　年齢

06　アンケート解答「レオナルド・ダ・ヴィンチ 美の理想展」、「ボストン美術館 日本美術の至宝展」の招待券をご希望のかたは、「○○招待券希望」と明記してください。

◎すべての項目にお答えのうえ、ご応募ください。

◎ハガキ・ＦＡＸ・e-mailのいずれかでご応募ください。

◎正解者のなかから抽選で3名のかたに図書カードをプレゼントいたします。

◎当選者の発表は本誌2012年6月号誌上の予定です。

●下記のアンケートにお答えください。

A今月号でおもしろかった記事とその理由

B今後、特集してほしい企画

C今後、取りあげてほしい高校など

Dその他、本誌をお読みになっての感想

◆2012年4月15日（当日消印有効）

◆あて先

〒101-0047　東京都千代田区内神田2-4-2

グローバル教育出版　サクセス編集室

FAX：03-5939-6014

e-mail:success15@g-ap.com

～サクセス18のご紹介～

サクセス18は早稲田アカデミーが創った現役生難関大学受験専門塾です。

難関大に現役合格！サクセス18はここが違う!!

サクセス18 ここが違う!

進学塾 早稲アカスタイルの継続

大手予備校にはないキメ細やかさ

サクセス18は開成・慶女・早慶高校合格者数全国No.1（2011年当社調べ）の進学塾早稲田アカデミーの大学受験部門です。「本気でやる子を育てる」という教育理念に基づき、「私語のない緊張感のある授業」「少人数制で発問重視の授業スタイル」「復習型の丁寧な講義」など早稲田アカデミーが創立以来進学実績を伸ばし続けてきたエッセンスを継承しています。更に少人数クラスのライブ授業で競争原理の働く環境を維持しながら、現役高校生に特化したきめ細やかな指導で「普通の学力の生徒」を憧れの難関大学現役合格へと導きます。

	早稲田アカデミー サクセス18	他の塾・予備校
トップレベルの合格実績の伸び	開成高校の合格者数5名からわずか10年で全国No.1の65名（定員100名）まで伸ばした早稲田アカデミーは、大学入試でも合格実績を伸ばし続けています。東大・早慶上智大の合格者数の伸び率は業界トップレベルです。また現高3生の成績も良好で、今後の入試においても大幅な躍進が期待できます。	少子化とそれに伴う浪人生の減少により、多くの塾や予備校が難関大への合格実績において伸び悩んでいるのが現状。成績を上げるノウハウを持つところとそうでないところとの格差が大きい。
少人数制クラス	1クラス15名程度の少人数制。きめ細やかな個別対応が可能です。さらに学力別・志望校別クラス編成で同じ目標を持つ友人たちと競い合いながら学力を高めます。	1クラス30名～80名と大規模クラス。生徒1人ひとりの学力把握は難しい。
対話・発問重視の緊張感のある授業	講義と同時に生徒一人ひとりの反応や理解度に細心の注意をはらう対話・発問重視の緊張感のある授業。講義と実践演習の複合授業。	予習を前提とした解説型の授業が多く、授業中の質問などは難しい場合が多い。積極的な生徒でなければ授業後の質問もしづらい。
充実した定期試験対策	塾生は土曜・日曜に開催する定期試験対策授業と、平日開催のトレーニング型個別指導"F.I.T."を無料で受講できます。完全に個別の対応が可能です。	多くの大学受験予備校は学校の定期試験対策までは行わない。定期試験対策を行っているところも特定の高校に偏るなど在籍する生徒すべてには対応できていない。
授業担当による進路指導	生徒を実際に教えている講師が面談も担当します。数値データとあわせて生徒の個性を把握した最適な指導が行えます。	授業を担当しないカウンセラーが模試データにもとづいてアドバイスするのみ。

サクセス18 ここが違う!

高1からはじめれば早慶上智大合格へ！

早稲田アカデミーなら夢がかなう!

やる気を引き出す授業、夢を同じくする仲間と競い合いお互いを高める環境、全スタッフが生徒一人ひとりの個性を理解し、適切な学習法をアドバイスする指導。早稲田アカデミーなら、このシステムがあるから、**始めたときには東大や早慶上智大は夢や憧れでしかない学力でも大きく伸びて第一志望に現役合格**できるのです。

サクセス18 ここが違う!

東大、そして早慶上智大へ高い合格実績

東大・早慶上智大527名合格!

MARCH・理科大688名合格!

東京大学 93名合格 早稲田大学207名合格 慶應義塾大学114名合格 上智大学113名合格 国公立大学医学部（東大理Ⅲ含む）12名合格 明治大学152名合格
青山学院大学 75名合格 立教大学104名合格 中央大学 97名合格 法政大学120名合格 東京理科大学140名合格 私立大学医学部17名合格

※模試受験のみの生徒は一切含まれていません。早稲田アカデミーの平常授業または特別授業に正規に在籍し、授業に参加された生徒、約1100名からの実績です。

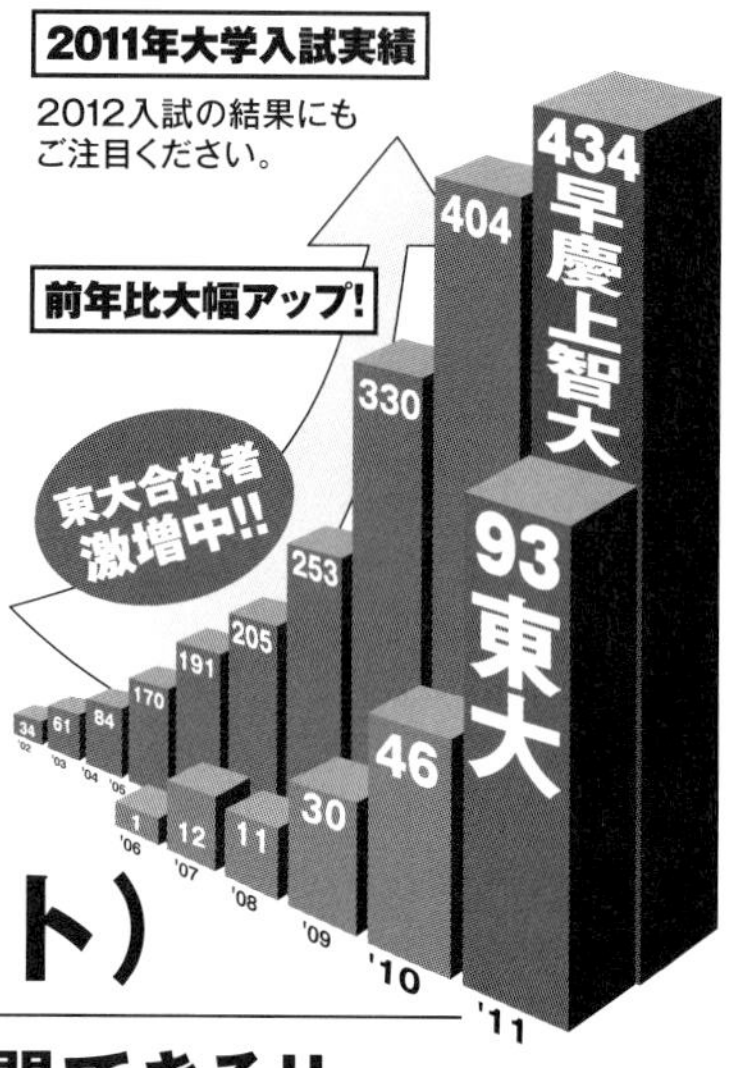

サクセス18 ここが違う!

トレーニング個別指導F.I.T.（フィット）

君の目的に合った教材で学習し、スタッフに自由に質問できる!!

一人ひとりに合わせた個別トレーニングF.I.T.（フィット）
君の目標に合わせたカリキュラムで君の時間に合わせて学習できる!

F.I.T.は、演習トレーニングと個別指導を組み合わせたサクセス18の学力向上プログラムです。都合の良い時間を選んで、演習とアシストスタッフによる個別指導が受講できます。クラス授業の開始前の時間で学校の復習をしたり、定期テストの直前の演習をしたりとスケジュール・カリキュラムは自由自在。

学校の定期試験範囲に合わせた演習 ＋ 塾の授業の類題演習で得点力をアップ ＋ 倫理，政経，地学などのセンター試験対策 ▶ 君だけにぴったり合わせた**タイムリーな演習**

塾生はすべて 無料

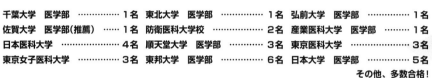

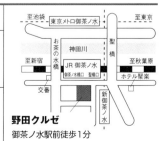

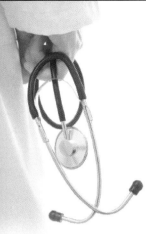

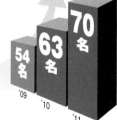

アート

レオナルド・ダ・ヴィンチ 美の理想

3月31日(土)～6月10日(日)
Bunkamura ザ・ミュージアム

レオナルド・ダ・ヴィンチ《ほつれ髪の女》1506～08年頃 パルマ国立美術館蔵

「レオナルド・ダ・ヴィンチ美の理想」の招待券を5組10名様にプレゼントします。応募方法は73ページを参照。

レオナルド・ダ・ヴィンチが求めた「美」とは?

「モナ・リザ」や「最後の晩餐」などに代表されるレオナルド・ダ・ヴィンチの「美の世界」を、日本初公開となるダ・ヴィンチの作品やその弟子との共作、弟子の作品など約80点から探っていく。世界に十数点しか現存しないというダ・ヴィンチの作品のなかから「ほつれ髪の女」や若き日の習作2点、また弟子との共作であるもう1つの「岩窟の聖母」など日本初公開の作品が9割を占める貴重な展覧会だ。

イベント

尾田栄一郎監修 ONE PIECE展 ～原画×映像×体感のワンピース

3月20日(火)～6月17日(日)
森アーツセンターギャラリー

©尾田栄一郎／集英社

国民的人気マンガ『ONE PIECE』を体感する!

国民的な人気マンガ『ONE PIECE』の展覧会が、作者・尾田栄一郎監修のもと連載15周年を記念して開催される。名場面が描かれたモノクロ、カラーの原画が約100点、描きおろしの初公開の原画も展示される。このほかスペシャルムービーやインタラクティブアートなど見所満載。会場にはさまざまな仕掛けがしてあり、見るだけでなく『ONE PIECE』を体感できる内容となっている。

お祭り

本尊示現会《ほんぞんじげんえ》

3月18日(日)
浅草寺

ご本尊がこの世に現れたことを祝うお祭り

神仏が人々を救うために、さまざまな姿でこの世に現れる「示現《じげん》」。浅草寺では1年に多くの行事が行われる。3月に行われる本尊示現会は、浅草寺のご本尊である聖観世音菩薩《しょうかんぜおんぼさつ》さまが3月18日に、2人の兄弟が江戸浦（隅田川）の漁労中に一躰《いったい》の観音さまを感得したことを祝うものだ。本堂で午後2時に行われる法要の前には、一山住職総出による練行列が行われ、境内では寺舞「金龍の舞」が賑やかに奉演される。

サクセス イベント スケジュール

3月～4月

世間で注目のイベントを紹介

エイプリルフール

エイプリルフールは1年で唯一嘘をついていい日と言われている。起源ははっきりしていないが、日本だけではなく世界中で楽しまれており、海外では大手メディアが思いきった嘘をついていたりする。人を傷つけるような嘘はよくないけれど、ちょっと笑えるような嘘を楽しむのもたまにはいいかも。

アート

BEAT TAKESHI KITANO 絵描き小僧展

4月13日(金)～9月2日(日)
東京オペラシティ アートギャラリー

Beat Takeshi Kitano, 2009 Acrylic paint on canvas, 91 x 117 cm Collection of the Fondation Cartier pour l'art contemporain ©Office Kitano Inc.

世界のキタノの個展が日本に凱旋帰国

コメディアン、映画監督など多彩な顔を持つビートたけしが、現代アーティストとして開く日本で初めての個展だ。この個展はフランスのカルティエ現代美術財団にて、2010年に6カ月間開催された『Beat Takeshi Kitano, Gosse de peintre 絵描き小僧』展の凱旋となっている。絵画や映像だけでなくさまざまな手法で表現された作品に「BEAT TAKESHI KITANO」ワールドに引き込まれること間違いない。

アート

セザンヌ―パリとプロヴァンス展

3月28日(水)～ 6月11日(月)
国立新美術館

ポール・セザンヌ《りんごとオレンジ》1899年頃 オルセー美術館 ©RMN (Musée d'Orsay) / Hervé Lewandowski / distributed by AMF

国内過去最大級の100%セザンヌ展

「近代絵画の父」と呼ばれるセザンヌが、生涯に20回以上もパリと故郷プロヴァンスを行き来しながら作品を描いた点に注目し、セザンヌの創造の軌跡を南北の対比という新たな視点で捉える。オルセー美術館をはじめ世界8カ国、約40館から、約90点ものセザンヌ作品が一堂に会する、国内過去最大規模の個展だ。また、晩年の創作活動の場となったアトリエの一部も再現される。

アート

特別展 ボストン美術館 日本美術の至宝

3月20(火)～6月10日(日)
東京国立博物館　平成館

「ボストン美術館 日本美術の至宝」の招待券を5組10名様にプレゼントします。応募方法は73ページを参照。

雲龍図(部分)曽我蕭白筆 江戸時代・宝暦13年(1763)ボストン美術館蔵 Photograph© 2012 Museum of Fine Arts, Boston.

ボストン美術館の史上最大規模の日本美術展

“東洋美術の殿堂”と称されるアメリカのボストン美術館。100年以上にわたる日本美術の収集品10万点以上のなかから厳選された仏像・仏画に絵巻、中世水墨画から近世絵画まで92点が里帰りする。古くは奈良時代の仏画から江戸時代の色鮮やかな唐織や小袖まで、教科書でしか見られなかったさまざまな年代の日本文化を象徴する“まぼろしの国宝”と呼べる名品が展示されている。

編集後記

3月に入って暖かい日もあり、少しずつ春が近づいてきている感じがしますね。昨年はこの時期の震災の影響もあって、日本全体が元気のない年になってしまいました。そのぶん今年は明るい1年にしたいものです。

さて、先月の早稲田特集に続いて、今月号は慶應義塾を特集しました。附属高校を卒業した先輩たちのインタビューを通して、高校生活を知り、これからの希望校選択や勉強へのやる気に変えてもらえれば、私たちもうれしい限りです。

さあ、4月から新学期がスタートします。新しい気持ちで、この1年を志望校合格という目標に向かって駆け抜けましょう。（M）

Information

『サクセス15』は全国の書店にてお買い求めいただけますが、万が一、書店店頭に見当たらない場合は、書店にてご注文いただくか、弊社販売部、もしくはホームページ（下記）よりご注文ください。送料弊社負担にてお送りします。

定期購読をご希望いただく場合も、上記と同様の方法でご連絡ください。

Opinion, Impression & etc

本誌をお読みになられてのご感想・ご意見・ご提言などがありましたら、ぜひ当編集室までお声をお寄せください。また、「こんな記事が読みたい」というご要望や、「こういうときはどうしたらいいの」といったご質問などもお待ちしております。今後の参考にさせていただきますので、よろしくお願いいたします。

サクセス編集室
TEL 03-5939-7928
FAX 03-5939-6014

高校受験ガイドブック2012④ サクセス15

発行　2012年3月15日　初版第一刷発行
発行所　株式会社グローバル教育出版
〒101-0047 東京都千代田区内神田2-4-2
TEL　03-3253-5944
FAX　03-3253-5945
http://success.waseda-ac.net
e-mail　success15@g-ap.com
郵便振替　00130-3-779535
編集　サクセス編集室
編集協力　株式会社 早稲田アカデミー

Success15
4月号

Next Issue

5月号は…

Special 1

先輩に学べ！
難関校合格者インタビュー

Special 2

この学校はどこの高校?
受験校クイズ

School Express

筑波大学附属駒場高等学校

Focus on

東京都立小山台高等学校